T0289272

ABRAZANDO TU ALMA

Pasos para sanar

Akari Berganzo

EL LIBRO MUERE CUANDO LO FOTOCOPIAN

Amigo lector:

La obra que tiene en sus manos es muy valiosa. Su autor vertió en ella conocimientos, experiencia y años de trabajo. El editor ha procurado dar una presentación digna de su contenido y pone su empeño y recursos para difundirla ampliamente, por medio de su red de comercialización.

Cuando usted fotocopia este libro o adquiere una copia "pirata" o fotocopia ilegal del mismo, el autor y editor no perciben lo que les permite recuperar la inversión que han realizado.

La reproducción no autorizada de obras protegidas por el derecho de autor desalienta la creatividad y limita la difusión de la cultura, además de ser un delito.

Si usted necesita un ejemplar del libro y no le es posible conseguirlo, escríbanos o llámenos. Lo atenderemos con gusto.

Editorial Pax México

Título de la obra: *Abrazando tu alma, Pasos para sanar*

Coordinación editorial: Gilda Moreno Manzur
Diagramación: Abigail Velasco
Portada: Víctor Gally

Av. Cuauhtémoc 1430
Col. Santa Cruz Atoyac
México DF 03310
Tel. 5605 7677
Fax 5605 7600
www.editorialpax.com

Primera edición
ISBN 978-607-9346-88-1

Impreso en México / *Printed in Mexico*

ÍNDICE

Dedicatoria

A Ceci y Carlos, gracias por su muy valiosa y sincera amistad; gracias por sus infinitos consejos, por su compañía, por sus cuidados, por escucharme cuando más lo he necesitado. Gracias por formar parte de mi vida y por estar conmigo apoyándome en los momentos difíciles. Con infinito amor, gratitud y respeto desde el fondo de mi alma, este libro va por ustedes y es para ustedes.

Al maestro ascendido Saint Germain, por confiar en mí para darme este material y por su infinito amor, por su protección, por su paciencia para conmigo y por ser mi mentor espiritual.

A mi ángel, por ser mi mejor amigo, mi protector y por hacerme sonreír en los malos momentos.

Agradecimientos

A Gerardo, por ser el ser que eres y por tu gran apoyo en este proyecto; a Danú, por ser la luz en el camino durante el proceso; a Gilda, por su gran habilidad y dedicación para el tratamiento del texto, y a todo el equipo de colaboradores de Editoral Pax, por su enorme apoyo para que este material sea una realidad para el lector.

Primeras palabras

En este nuevo libro te ofrezco un paso más en su evolución; un paso que resultará de enorme utilidad para ti, para ustedes, queridos hermanos, una nueva manera de autoconfrontación. Si con sinceridad te consideras listo para avanzar en tu visión de ti mismo, del Universo y de la realidad que vives, te invito a leer este material.

Si, en cambio, consideras que aún no es el tiempo perfecto de retarte con él, te sugiero dejarte fluir y continuar con lecturas simples y constructivas, como son contenidos relacionados con decretos, visualizaciones o vidas anteriores, o bien, elegir un material donde expongamos temas de diferentes índoles. Así te prepararás para entrar de lleno más adelante en una confrontación como esta.

Mi idea al inducirte a esta autoconfrontación no es herirte ni hacerte recordar el pasado si este no es agradable. Más bien, busco desprender toda costra generada por una imperfección que haya quedado estática, bloqueando tus procesos evolutivos, tu espíritu y tus más altas oportunidades.

Es conveniente que vuelvas a la luz y espero que con esta sacudida intencional tú, y cada ser humano, lo logren.

Capítulo 1

El inicio

El inicio

La evolución espiritual es un objetivo a tomar en cuenta con seriedad; su evolución es un sendero continuo que hay que considerar paso a paso para determinar su porvenir, tanto en la Tierra como en cada existencia posterior y, por supuesto, al volver al alto astral, que es el espacio de luz perteneciente a otros planos.

Nadie tiene derecho de réplica sobre sus propios errores o aciertos –los errores le corresponden al karma y los aciertos al dharma– derivados de estas elecciones y tú mismo afrontarás las consecuencias de tus acciones.

La evolución no se logra si es inducida; es necesario que sea espontánea y surja de tus necesidades espirituales, las cuales te llevarán a considerar descubrir un nuevo trayecto evolutivo.

Nadie busca evolucionar –ni lo logra– cuando no responde con espontaneidad a sus necesidades y carencias interiores que buscan ser subsanadas.

Estas carencias son el detonante que tu alma requiere para que te plantees cuestionamientos, te depures y te sobrepongas a las crisis espirituales, materiales, laborales, familiares, de pareja o de salud que encuentres en tu existencia.

Estas carencias impulsan a la persona a una espontánea confrontación y un análisis retrospectivo de sí mismo. Nadie conseguirá convertirse en quien anhela ser si antes no abandona los patrones emocionales, los modelos de relación y los eventos traumáticos comprendidos en su ayer y que ahora no corresponden a su nueva realidad.

Esta depuración, por dolorosa que resulte, es más constructiva. En ocasiones negarse a soltar lo negativo por consideraciones familiares, sociales, laborales o de pareja resulta un yugo doloroso y castrante. Permitirte ser presa de las disfunciones de terceras personas provoca que las insatisfacciones ajenas te destruyan y destruyan tus posibilidades.

Quien permite que alguien externo lo hiera y coarte su libertad de elección, pensamiento, conducta o sentimiento perpetua su propio calvario, se deja llevar por la rendición.

¿Por qué tolerar que un miembro de tu familia se dirija a ti con palabras venenosas y lascivas? ¿Utilice tus recursos económicos abusando de tu confianza? ¿Te transfiera sus errores e intente culparte por ellos? Esto no es admisible y no hay que confundir el deber familiar ni el amor familiar con la autodestrucción y la flagelación.

En ciertos núcleos familiares –en ese ámbito en el que depositamos toda nuestra confianza–, pueden esconderse seres destructivos. Por supuesto, no todas las familias del mundo son disfuncionales y nocivas para sus miembros, pero las que sí lo son, provocan grandes problemáticas de falta de autoestima, falta de independencia y falta de oportunidades.

Los seres humanos suelen ser imperfectos, incluso deshonestos, con los seres que más dicen amar.

Muchos se confunden y entran en estados de codependencia, en los cuales confunden amor con destrucción, sometimiento con respeto y asumen muchas otras formas distorsionadas de relaciones familiares.

¡Analiza cómo te aman quienes dicen amarte!, es uno de los mejores consejos que puedo darte. Este supuesto amor ¿es constructivo o destructivo?, ¿es sincero y se expresa con la verdad ante la luz del sol y del Universo?, ¿o se ofrece a escondidas, caprichosamente, cual migajas de pan que hay que mendigar para obtener? Amar no es destruir, es hacer crecer bondades en aquel a quien amamos, así como en nosotros.

Este amor te ofrece impulsarte a alcanzar tus sueños. ¿O debes renunciar a ellos, renunciando así a tu pura esencia, para vivir en un molde limitante que impone la no evolución por considerarte inútil o por considerar que es tu responsabilidad el sacrificio impuesto para dar a aquel que dice amarte toda la libertad evolutiva que a ti se te está negando? Así uno de los miembros de este núcleo, sea cual sea, crecerá, será autónomo e independiente, tendrá vida, en tanto que tú habrás de conformarte con ser esclavo de aquel que es libre y que solo volverá cuando sus necesidades primitivas le impulsen a ello?

¡Eso no es amor! Es chantaje, secuestro de identidad, de libertad; es castración absoluta del espíritu y del intelecto.

Despierta, que tu vida presente en el plano físico es muy breve y el amor que se te ofrece fuera de esta jaula imperfecta es infinito. La jaula de las limitantes y condicionantes suele minar el espíritu y el corazón. Ante todos y a pesar de todos, tú posees el amor más sagrado: el universal. Dios te creó con cuerpo, intelecto y sentimientos propios, entregándote así el mundo entero para expresarte, para aprender de él y evolucionar con él.

Nunca se te dotó de solo una neurona para pensar ni de una sola célula, aunque fuiste creado a partir de dos simples elementos químicos, uno masculino y uno femenino. Eres la mejor creación que pudiste ser y, en consecuencia, tu compromiso para contigo mismo es no depender de ningún otro ser, no corromper tu dignidad, tu cuerpo o tu intelecto intentando ajustarte a las imperfecciones, inseguridades y falta de respeto de alguien que a primera vista se reconoce como egoísta, ignorante de todo respeto y de cualquier sentimiento amoroso.

Se te ha dotado de las mismas oportunidades de ser amado y de hacer algo constructivo con dicho privilegio. El ser que hiere no es capaz de reconocer la grandeza de ser amado y, por ende, en su ignorancia evolutiva y emocional, aunada a sus miedos y su falta de autoestima, ha encontrado la única herramienta disponible que cree poseer para conectarse y relacionarse con el mundo entero. Expresa y asocia su lacerante frustración con cada ser que intente infundirle amor.

Por ingenuidad y llevado por tu ego, tú, como muchos otros, te considerarás capaz de solucionar esta situación y depurar al nocivo ser con quien te relacionas. Y dirás "Yo puedo hacerle cambiar, mi amor lo va a sanar, él va a evolucionar y me va a respetar; ella dejará de ser egoísta, vulgar, vanidosa o interesada". Acabas por creer las mentiras ilusorias que has concebido respecto a dicho ser y entras en una relación tóxica que terminará con ustedes y con su bienestar, si no te atreves a salir pronto de ella. No seas autodestructivo ni tóxico contigo mismo.

Si niegas tus propios defectos y carencias interiores, ¿cómo esperas resolverlas y erradicarlas de otro ser? Esto no es posible, nadie cambia por amor a otro; aunque lo intentase y se hiciera la ilusión de que así será, nadie puede negar su esencia personal. Te guste o no, esta solo responderá ante su propia persona. Es imposible transmitir a un cuadrado una visión global, como lo es cambiar a un águila para convertirla en gallo de corral.

La alquimia puede convertir un metal en oro, pero ni siquiera con esta ciencia podrás convertir a un ser externo a ti a tu propia visión de lo que este debería llegar a ser. Tanto él como tú actúan en imperfección y pretenden construir en imperfección.

> Ni la alquimia ni todo tu esfuerzo y constancia lograrán inducir a alguien a ser quien jamás podrá ser, guiado únicamente por sus necesidades internas y sin decidir emprender la lucha por llegar a ser un mejor ser humano.

Tú, y otros seres, en su visión ficticia, en su mundo materialista, han aprendido a mirar únicamente el reflejo aparente de las cosas y consideran que un simple vistazo al currículo social laboral o económico de una persona determina quién es en realidad.

Esto no es así: cada persona es un ser multidimensional, consecuencia natural de diferentes situaciones evolutivas que se han gestado desde un antaño muy lejano. Cada persona posee experiencias infinitas de dolor y amor, de duras lecciones y grandes alegrías, y ciertamente, no todas ellas se deberán a la misma experiencia de vida.

Tú eres quien quieres y puedes ser y estos serán tu fundamento y tu realización personales, que son libres y no siempre comunes a las expectativas de otros. La fe necesaria para avanzar hacia ellos tendrá que surgir de tu interior.

Reflexión

Te invito a la siguiente reflexión.

Si tienes fe en personas que no conoces –un presidente que emprende una reforma hacendaría, una eminencia del ámbito científico decidida a descubrir la cura definitiva contra una enfermedad terminal–, si cuentas con la capacidad infinita de fincar tu confianza en seres desconocidos de los cuales apenas tienes referencias ajenas e impersonales, ¿por qué no puedes tener fe en ti mismo, tus proyectos, tus sentimientos, tu futuro, tu presente, tus pensamientos, el universo?

Es importante actuar con fe en el logro de tus metas cuando estas son constructivas, con una fe similar a la que muestran en alguien que no les consta que sea honesto en sus discursos, inquietudes o capacidades.

¿Por qué no confiar un poco más en tu propia inteligencia emocional e intelectual?

Esto no necesariamente tiene que ver con tus familiares, sobre todo si son restrictivos y negativos en cualquier forma contigo.

Dios nunca te ha obligado a sufrir como víctima de las heridas propiciadas en contra tuya en actos, palabras, expresiones corporales, imágenes, castraciones corporales o verbales. No quiere eso para ti y, mientras tú te permitas ser presa de esos hechos, le demuestras al Universo que no has aprendido de tus lecciones kármáticas de antaño.

De ese modo, esta se repetirá indefinidamente en tu existir hasta que tú y otros seres humanos en su propia situación reúnan el valor para salir de ese patrón destructivo de interacción.

Recomendaciones

- A nadie ames por encima de la dignidad con la que debes amarte. Aprende a alejarte de los problemas, sobre todo de los gratuitos y ajenos, aprende a volar con tus propias alas y por tus propios proyectos, sin dejarte arrastrar por la corriente ajena.
- La vida de resignación a nadie deja satisfecho, es inútil. No renuncies a ser quien eres en divinidad, no renuncies a ti mismo, a tu sano proceso evolutivo. No renuncies a convertirte en el orgulloso pavo real que se encuentra en tu interior esperando pacientemente a que le liberen del qué dirán, de las carencias ajenas, de las condicionantes sociales, familiares, sentimentales, o de supuestas amistades.
- Vive, lucha y avanza por ti y para ti, no permanezcas atado a la cuerda con la cual los demás intentan amarrar a tu alma que por pura esencia es un espíritu libre.
- Sé libre, digno y honesto contigo, ofrécete más cuidados, atención, respeto y amor a tu persona. Si careces de ellos, buscarás compensarlo con sexo, posesiones materiales y ambiciones laborales; sin embargo, al volver a mirar en tu interior, tus carencias no habrán desaparecido, solo se habrán agravado al no haber sanado tu interior.

- No te lastimes por ser quien no eres en realidad. Mira en tu interior, reconéctate con él, averigua qué necesitas soltar y encontrar; una vez que conozcas con claridad tus necesidades, lucha con ahínco por ellas, alcanza y aleja de tu existencia toda relación limitante, lasciva, destructiva o conflictiva. No las necesitas ni te dejarán nada bueno; estas relaciones son huecas, sin sustancia; están llenas de lágrimas y de dolor.
- No te empeñes en desconocer tu interior, esa parte sagrada y desconocida por ti, tu pertenencia más auténtica y valiosa, tu eje central. Así le restas importancia y miras a tu exterior intentando encontrar en él las respuestas a tus necesidades, las que se encuentran desde el recogimiento espiritual derivado del silencio.
- No te agotes buscando lo que solo podrá surgir de ti, lo que se conquista con empeño, constancia, amor y perdón. ¿Por qué aferrarte al dolor cuando puedes conquistar el amor?

Con la reflexión anterior y estas recomendaciones te invito a analizar tus relaciones en general. ¿Son respetuosas, equitativas, responsables, congruentes, son un motor que te impulsa a alcanzar sus objetivos? En una palabra, ¿son sanas? O, por el contrario, ¿son agresivas, hirientes, tormentosas? ¿Son tóxicas?

Eso lo sabrás si lo razonas desde tu yo superior y si no te dejas caer presa de tu ego, que se encapricha con cosas y situaciones negativas. El ego causa grandes estragos en todos los ámbitos de la vida, no sucumbas más ante él; si permites que te rija, te enfrentará a la soledad, el desamor, la amargura, la falta de oportunidades. Para no destruir tus posibilidades, reconquista la grandeza espiritual con la cual naciste y deja de distraerte con detalles superfluos, egoístas, ambiciosos y nada constructivos.

Evita adoptar las actitudes intrigantes, hipócritas y denigrantes que muchos han adoptado durante largos siglos. Con la forma de vida disfuncional que llevan las sociedades del mundo actual, puedo afirmar que las barbaries del oscurantismo medieval están ahora más vivas que nunca.

Lo que hoy se requiere para que logres la evolución y la plenitud es que tú, y todos los seres como tú, vuelvan a la luz, como sucediera en el Renacimiento italiano. Reinvéntense eliminando el egocentrismo y los odios, ideas limitantes, carencias, amarguras, celos, traiciones. Vuelvan a la luz universal que les espera.

Cómo comprender el origen y la existencia de las enfermedades

Las enfermedades que padeces tienen un trasfondo emocional o imperfecto que desemboca en padecimientos. Ahora, esto puede desaparecer, es posible sanar enfermedades al cambiar tus sentimientos imperfectos por perfectos, al cambiar una alimentación ácida por una alcalina, al perdonar las situaciones y perdonar a tu cuerpo físico. Mientras te integres al Universo en amor y confianza total, no habrá reto evolutivo que no tenga una solución divina.

No puedes sanar tus enfermedades mientras tu campo vibratorio de resonancia emocional, energético, mental y alimentario esté alineado con la enfermedad. Al igual que los pensamientos y los sentimientos, las enfermedades tienen resonancias; para cambiarlas, es necesario trabajar siempre arduamente soltando todo lo que te conecte con la vibración de la enfermedad.

De no encontrar protagonismo en tus emociones, tus pensamientos, tus acciones, tu alimentación y tus actos, no sustentarías las enfermedades y los cuadros clínicos serían menos complejos. Jamás aceptes la enfermedad, es decir, atiéndela, sigue tu tratamiento médico, y mantén hábitos alimenticios y emocionales sanos; pero también, repítete constantemente:

"Yo no acepto esta enfermedad, pero sí acepto el aprendizaje oculto en la situación."

Por incongruente que parezca, cuanto más espacio le otorgues a la enfermedad, cuanto más pienses en ella, cuanto más la mires y le temas, más la fortalecerás porque habrás aceptado ser sometido a ella y habrás aceptado que ella imponga las condiciones y decida, por encima de ti, qué ritmo tendrá tu destino ante la situación.

No te muestres derrotista ante una enfermedad porque es tu derecho divino dirigir tu propia nave, que es tu cuerpo físico, el cual no tendrá más comandante que tú. Cuanto más te angusties por ella, más le permitirás formar parte de tu rutina diaria, tus procesos mentales, tus emociones. Cuanto más le temas, más posibilidades habrá de que sucumbas ante ella.

Si cambias tu alimentación, sanas tus relaciones, la que sostiene contigo y la que sostienes con los demás seres vivos. Después podrás sanar tu corazón, tu alma, tus pensamientos, tu régimen alimentario, y concentrarte en lo que es valioso de tu existencia ignorando la enfermedad (pero sin suspender el tratamiento que hayas elegido seguir junto con tu médico).

Con estos cambios, tus posibilidades de vencer a la enfermedad habrán aumentado en un 80% en casos no graves y en un 60% en los graves.

No asignes un papel de importancia al mal bajo ninguna de sus formas. En realidad, el objetivo de las enfermedades es ofrecerte una enseñanza que requieres para atreverte a sanar tus pensamientos y tu forma de vida, de modo que te valores. Busca despertar en ti lo mejor de tu propia divinidad pues, al ser tú y todos los seres una extensión de Dios desde su origen astral, cada uno es una minidivinidad que está aprendiendo de una experiencia terrenal. En consecuencia, cuentas en tu interior con todas las herramientas para poder sanar y superar la prueba. El que lo logres tendrá mucho que ver con que no aceptes el miedo, no te dejes abatir, no pierdas el rumbo al cual dirigir tus pensamientos y sentimientos, comprendas la lección y colmes la situación de bendiciones. Así, a través de tu conexión con Dios, tu energía podrá actuar en ti y desde el astral remitir grandes descargas energéticas de luz que acabarán por vencer a la enfermedad.

De igual forma, las enfermedades surgen como recordatorio de que debes efectuar una depuración de tus recuerdos, tu entorno, tu alimentación, tus hábitos de pensamiento y sentimientos.

Porque todos estos han estado destruyendo la salud que tenías y ahora, debido a tus imperfecciones emocionales, no posees. Entrega la situación a Dios, y sigue firme y positivo en la idea de que para obtener milagros y soluciones estos tendrán que aunarse a cambios hondamente positivos en tu propia visión de la vida y de ti mismo.

Lo que necesitas es volver a construirla; las lamentaciones son inútiles, un desperdicio de energía que no te puedes permitir porque es preciso enfocarla a combatir y vencer a la enfermedad.

Ya no padezcas más miserias, no vale la pena perecer a causa de odios o rencores, maldecir, traicionar ni denigrar. Es absurdo, ¡no desperdicies tu vida en la destrucción total! El precio por pagar por esta destrucción te resultará demasiado elevado y doloroso.

La enseñanza siempre estará presente. Por tanto, fomenta el aprendizaje por ti mismo, no esperes a que la vida tenga que marcarte cuándo hay que emprenderlo. No hay que recorrer procesos evolutivos desgastantes y largos. Si no te acostumbras a evaluar tu vida y tus relaciones, si no te acostumbras a depurar tus errores en tu forma de ser, de relacionarte con otros, de conducirte en tu trabajo con tus colaboradores en puestos de menor jerarquía, esos errores te causarán grandes dolores y terribles pérdidas, te sacudirán, te harán tocar fondo hasta descubrir el origen de esta forma equivocada de ser, de conducir su vida y de alimentar tu cuerpo.

Es esencial que:

- Te dediques a buscar tu propia evolución.
- Intentes cada día ser un mejor ser humano.
- Abraces al mundo con amor y no con odio.
- Ofrezcas tu tiempo, tu alegría, tus sonrisas más sinceras a las personas conocidas y desconocidas.

Así contribuirás a que el Universo comprenda que no requiere tocar fondo para evolucionar y, por consiguiente, aunque afrontes dificultades, estas jamás serán tan severas y profundas como otras que ocurren cuando esperas a que la vida te obligue a efectuar dichos cambios debido a la pérdida de un ser querido o a las pérdidas por enfermedades que reducen la energía y la calidad de vida.

Ama y vuelve a amar; sé amoroso, constructivo, bondadoso, piadoso, auténtico, honesto, tolerante y elevado. Bajo este marco de perfección, todo mal sucumbirá al no encontrar un campo de resonancia que lo sostenga. Confía en Dios, en esta energía creadora y todopoderosa que busca el bienestar de todo ser vivo incluyendo plantas, animales y seres humanos, entre otras tantas formas de vida existentes en el Universo.

Cuando te atrevas a soltar a las personas lascivas de tu ámbito personal, te habrás quitado un gran peso de encima y habrás conformado un marco idóneo para el desarrollo de tu vida.

La resonancia

La ley de la resonancia

En el Universo rigen muchas leyes, todas las cuales corresponden a procesos de desplazamiento, acción, causa y efecto. Todo habitante del Universo está sujeto a estas leyes, aunque tú intentes ignorarlas. Los pensamientos y sentimientos viajan en el Universo y recorren todo su vasto espacio. Durante esta trayectoria de desplazamiento, el pensamiento expresado se identifica con otros tantos similares; esto es, si piensas en dinero entrante, este pensamiento se conectará con todo ser humano que en ese instante esté pensando en dinero entrante. Así se impregna de una mayor fuerza creadora a todo aquel que en ese instante esté expresando pensamientos positivos en torno a la misma idea.

Un pensamiento se conecta con todas las personas que piensen en lo mismo al mismo tiempo, por ejemplo, dinero entrante. Este macro pensamiento común tendrá mayor oportunidad de volverse una realidad tangible cuando adquiera fuerza suficiente para todos los seres que lo hayan emitido al mismo tiempo. Para comprenderlo mejor, es necesario que vibres en una escala de gran pureza y de modo constante; de este modo sustentarás la energía relacionada con tu pensamiento, antes de verlo coronado en su realidad física.

Nada puede llegar a tu vida –a pesar de ser tu derecho divino– en tanto no estés energéticamente conectado con ese objeto o concepto; solo cuando te conectes positivamente con él y trabajes en silencio y con constancia podrás alcanzar los resultados que tanto anhelas. Cuando desees conocer a otro ser humano, primero deberás vibrar en la longitud de onda energética similar a la emitida de modo natural por este ser. Cuando dejes de vibrar en la misma sintonía de onda de desplazamiento energético que otro ser, se terminarán las afinidades y la relación porque, lo creas o no, buena parte del sentimiento de amor se sustenta en la ley de resonancia.

Esta ley indica que todos los sucesos de la vida humana son determinados por patrones energéticos en desplazamiento que se concentran, proyectan, emiten y regresan a varios seres que se han conectado de forma mental y energética gracias a un tema de interés común. Esta energía crea compatibilidades desde su origen y cuando algunos seres son compatibles todo se proyectará y ocurrirá con relativa facilidad.

Por ejemplo, imagina que una persona quiere vender una antigüedad y otra busca comprar una antigüedad. Si cada uno piensa solamente en la palabra antigüedad, las posibilidades de que cierren un trato de compraventa entre ellos son escasas; pero si ambos afinan este pensamiento y le ponen alguna característica específica que para ambos es importante en la operación (sillón del siglo XVIII, por ejemplo), crearán más puntos de anclaje común en un proceso de pensamiento que en metafísica suele denominarse creativo.

Los campos de resonancia

Los campos de resonancia son una realidad y siempre estarán presentes. Si temes algo, lo atraerás a su vida, porque el temor es una energía sumamente poderosa. Tú, al pensar en ella, sin darte cuenta le expresas una solicitud al Universo, la de incorporar a tu realidad tangible aquello que tanto temes. Parece absurdo, pero así decretarás que tus miedos tomen forma en el Universo. En consecuencia, cuando estos temores sean muy fuertes, cobrarán vida en su forma concreta. Estos campos de resonancia positivos o negativos se derivan de las propias vibraciones que tú emites y se desplazan a lo largo de miles de kilómetros atrapando a su paso todo aquello que sea similar a los pensamientos, sentimientos y energía que los gestaron.

Las enfermedades son la coronación en imperfección de estos campos de resonancia imperfectos. Suelen aparecer cuando no se está bien alineado en amor, en humildad, perdón, bondad, ética, dignidad humana y unificación con el Universo, expresándose en sus mejores bondades.

Para combatirlas, además del tratamiento médico, tendrás que alejarte lo más posible de los campos de resonancia imperfectos que las sostienen. Vuelve a tu campo natural de resonancia bajo la luz universal y este se reconstituirá bajo la fórmula universal que sana y repara toda situación: la sencilla fórmula de amor y perdón.

Construye tu plena salud, aquella que antes desperdiciaste por centrarte en el odio, el rencor y el desamor. Deja de mirar y añorar lo que no te pertenece y construye tu felicidad y plenitud con lo que sí tienes al alcance de la mano.

Tú eres lo que piensas, atrayendo toda afinidad vibratoria previa y tu realidad física. Lo que tienes frente a ti es el reflejo de lo que pensaste previamente y nadie puede rehuir este hecho. Nada de lo que ocurre en el plano físico se determina en el plano físico, todo lo que eres se decidió mucho tiempo atrás en el plano astral.

¿Cómo crear una resonancia?

Las resonancias se crean con tus pensamientos, acciones, relaciones constructivas o destructivas. Cuando la resonancia ya no es compatible entre los seres o con la visión de negocios que se compartía en un empleo o institución, irremediablemente estas relaciones o este empleo salen de tu vida porque no estás conectado con ellos.

La resonancia y su campo son una realidad constante en el Universo que conecta de inmediato con otras realidades: si deseas tocar el violín, comienza por visualizar un violín; después adquiere uno; visualízate tocándolo; toma el preciado instrumento entre tus manos; toca su mango, sus cuerdas, su arco; y solicita al campo de resonancia que existe en él que llegue a ti el profesor en perfección que requieres para conectarte con la música de este grandioso instrumento.

No gozar de algo se debe a que no se cuenta con una afinidad en un determinado campo de resonancia energética; al no vibrar acorde con esta resonancia, el Universo considera que esta no les pertenece. Pero eso puede solucionarse fácilmente, creando esa resonancia afín.

Todo lo que está vivo y no vivo posee un campo de resonancia, que se comunica con todo lo que emite la misma resonancia o la más próxima en vibración y llega de un polo del planeta a otro muy lejano por la simple ley de atracción de la compatibilidad existente entre resonancias.

Mientras estas sean similares, su campo se fortalecerá y fortalecerá vínculos y situaciones; sin embargo, estos pueden ser disfuncionales y fortalecer una enfermedad aunque de modo consciente quieran deshacerse de ella.

La resonancia es una realidad y la única posibilidad de terminar con una que es negativa es sustituirla por otra positiva. Cuando esta te cause problemas, aléjate de ella, es decir, de los pensamientos, sentimientos y relaciones que en vibración han sustentado la presencia de ese campo de resonancia para debilitar y romper el vínculo.

Las relaciones se dan por resonancia. Algunos campos de resonancia serán sustentados hasta el final de tus días por ti mismo y otros resultarán transitorios; mientras existan, habrá puntos de anclaje común entre estos seres y cuando sean ya discordantes entre sí, el vínculo se habrá disuelto por falta de afinidad vibratoria. De esta comprensión de cómo actúan los campos de resonancia dependerán los éxitos o fracasos que obtengas para combatir tus problemas.

Las resonancias pueden provenir de una experiencia de vida presente, pero también de varias existencias anteriores; de suceder esto último, será más complejo disolver tales vínculos y afinidades entre campos de resonancia. Pueden romperse, para lo cual bastará que logres alejarte lo más posible de dicha resonancia, y para alcanzar ese objetivo deberás cambiar radicalmente tu forma de vida y de pensamiento.

La resonancia es uno de los principios básicos que pertenecen al Universo y tiene cabida tanto entre seres de la misma especie como de diferentes especies, civilizaciones o dimensiones.

Nadie te dará una resonancia si tú no vibras con ella. Las enfermedades y carencias, la ira, el odio, el desamor, poseen su propio campo de resonancia.

Al conectarse y permitirse sentir esas emociones negativas y disfuncionales, le abren las puertas a este campo de resonancia imperfecto que viajará, se reconectará con lo mismo y volverá a reconectarse contigo, pero ahora con mayor fortaleza.

Hay resonancia de ciertos seres de la Tierra con el alto astral y otros seres de la Tierra con el bajo astral.

Por ejemplo, si decides mirar películas de terror y asesinatos, te conectas con eso y, sin saberlo, atraes las condiciones idóneas para que las dramáticas escenas sanguinarias de la pantalla se trasformen en realidad y lleguen a tu vida tarde o temprano.

Muestra de ellos es que muchos actores mueren en circunstancias muy similares y asociadas con el entorno en el cual se desenvolvió alguno de los personajes que interpretó. Esto ocurre porque al trabajar con su personaje, el actor debe adentrarse en él, y vivir y respirar como lo haría él. Eso implica entrenamiento físico, mental y emocional para lograr una actuación destacada. Por desgracia, la ley de resonancia no distingue de personajes a realidades y se aplica a la persona en función de la resonancia energética que su personaje haya creado.

Lo mismo ocurre si no tienes empleo y, si bien buscas uno con ahínco, mentalmente te repites "no hay empleos, no existen oportunidades para mí". Por más currículos y solicitudes que envíes, no lograrás emplearte porque mentalmente estás conectándote con el campo de resonancia de la escasez.

Algo similar sucede si buscas construir y sostener una relación sentimental, pero constantemente te dices "¿qué hay de malo en mí para no merecer una relación sana y amorosa?" o "nadie me ama" o "nadie me amará". Con esta actitud construyes las bases idóneas para no alcanzar el amor que tanto anhelas.

Todo responde y reacciona en función de campos de resonancia: casas, oficinas, departamentos, automóviles, personas, animales, el alto astral, el bajo astral, estrellas, soles, lunas, sistemas solares, oportunidades o falta de estas, dinero o carencia de este. Lo peor que puedes decirte es:

- No tengo
- No poseo
- No puedo
- No lo lograré
- No soy capaz
- No tengo amor
- No tengo salud
- No tengo empleo ni oportunidades
- No tengo dinero
- No lo lograré
- Hay candidatos mejor preparados
- No soy guapo (o hermosa)

Al repetir estas frases alimentas un campo de resonancia asociado con las limitantes y la escasez. Aunque conscientemente intentes alejarte, las atraes a reconectarse con la misma sustancia de imperfección que encuentren.

En el campo de las relaciones, si no te consideras una persona valiosa, atraerás una relación imperfecta donde serás humillado, agredido y desvalorizado. Desde un punto de vista energético, todo lo que piensas y sientes es lo que eres y lo que solicitas del Universo; por ende, eso será lo que recibirás. Si no quieres males, no te concentres en pensar en el mal. Un error de esta naturaleza provoca que los problemas e imperfecciones lleguen a ti por sí solos, sin necesidad de actos conscientes de parte tuya, que funges como imán para los problemas, la escasez, el desamor, la falta de oportunidades y las enfermedades.

Prevén todo esto con inteligencia y, de forma constructiva, aprovecha los campos de resonancia y la naturaleza de su acción.

El Universo ilimitado

¡Recuerda!

En el Universo no hay limitantes; todo lo contrario, su naturaleza es ilimitada, por imposible que parezca a primera vista. Si crees que algo es posible, sucederá. Toma en cuenta que al Universo le gusta que lo retes, siempre que lo hagas con total convicción y presentes tu solicitud de forma respetuosa. Además, después de que lo pedido te sea concedido, no te olvides de darle las gracias.

Un útil decreto

Para integrar esta certeza a tu interior, tu mejor herramienta será el siguiente decreto.

El Universo es mi proveedor en perfección.

El amor y yo somos una misma esencia.

Yo soy el ser más amado y actúo en nobleza espiritual.

Todo lo que requiero y anhelo viene a mí en perfección.

Todo lo que amo parte de mi interior

y se refleja en todo mi entorno.

Soy exitoso porque este es mi derecho universal.

Yo soy el éxito sustentado.

Yo soy capaz de gestar grandes milagros
en cada contexto de mi existir.

Las oportunidades y yo somos la misma vibración.

El dinero me busca de forma ilimitada.

La perfecta salud se sustenta en todo mi interior y exterior.

Este decreto te ayudará a no sucumbir ante las deficiencias y carencias de tu sociedad. Desde pequeño se te ha ocultado la grandeza energética y vibratoria que posees. Has sido engañado porque el dinero es energía y no es inalcanzable: conéctate con su vibración energética y por sí solo llegará a tus bolsillos. Se te ha enseñado a temer a Dios, pero esta energía denominada Dios no te entrega una cruz por cargar. ¿Por qué temer a su propia inteligencia divina, a su esencia, a su origen divino? Tú, y todos los seres, son seres de luz y son una extensión de Dios.

Nadie tendría por qué temer a su naturaleza si permite que la naturaleza de Dios, con todas sus capacidades de amor, humildad y sanación, habite en su interior. Vuelve a tu esencia y a las capacidades ilimitadas de creación que el Universo te otorgó y Dios te sustentó.

El Universo no gusta de ver perecer espiritualmente a ningún ser; por el contrario, gusta de regalarles bondades que no conozcan final. Eres tú quien no ha aprendido a sustentar con tu pensamiento las oportunidades y te las niegas.

Recomendaciones

El espectro de bondades que el Universo te ofrece es muy amplio y las siguientes son las acciones más recomendables para obtenerlas:

- No desperdicies más tu grandeza divina en banalidades, bajezas, desamores e indignidades y vuelve a ser quien eres en perfección.
- No sigas lacerando y despedazando las oportunidades evolutivas que el Universo te depara.
- No dependas de nadie más que de ti mismo y de las herramientas y capacidades infinitas que el Universo te ofrece.
- No responsabilices a nadie de tu persona ni de lo que te sucede. Tú eres el responsable de tu vida pues fuiste creado por tu propia elección, cuando aún morabas en el alto astral.
- No achaques a cualquier circunstancia que haya dado pie a tu nacimiento lo que hagas

de ti mismo. Esto no es causa de errores ajenos; más bien, es el simple resultado de lo que decidiste construir y ser, y lo que consideraste que merecías de ti mismo.

- Toma en cuenta que no existe mayor villano que debas combatir que aquel que esconde tus propias imperfecciones.
- Impregna de luz y dignidad a tu existir; retoma tu grandeza espiritual; acepta el amor universal, respétalo, valóralo; agradece cada día tus posibilidades y tus alegrías, lo mismo que tus lecciones porque estas están depurando en tu interior cuentas kármicas de antaño o del ayer reciente.
- Convéncete de que no existe mayor sabiduría que la que se atreve a aprender de sus errores, a aceptarlos y a superarlos con ánimo, dejándolos atrás y olvidando el dolor y el mal que causaron para con responsabilidad construir un presente y un mañana colmados de amor, dignidad y bondad.

La evolución es la fuerza creadora actuando en expansión

La evolución no surge de la nada, surge de tu propio proceso evolutivo cuando lo aceptas y trabajas constantemente para alcanzarlo.

Contrario a lo que consideras, la evolución forma parte esencial de tu ser. El Universo nunca ha sido estático, siempre cambia. A cada instante mueren criaturas y sus almas trascienden; planetas y estrellas mueren, y nacen infantes, soles, oportunidades. La sabiduría del Universo permite que estos cambios vitales ocurran de manera positiva y que los seres como tú se adapten a ellos. En el Universo no hay resistencias ante la evolución natural de los hechos, las emociones y las personas.

Tú, y los demás seres humanos, guiados por las falacias sociales, se han conducido en contra de su naturaleza divina. No aceptan cambios, se resisten a ellos y perecen en esta no acción, antinatural y opuesta a su propia esencia universal y espiritual. Comprende que no puedes permanecer separado mirando cómo todo a tu alrededor evoluciona, cambia, madura, encuentra su propio sentido y se reconecta con su eje en divinidad. No te permitas seguir sumido en ese letargo olvidando tu evolución personal y los beneficios derivados de esta.

No importa errar el sendero; para eso estás sobre la Tierra, para equivocarte mil veces y emprender nuevos senderos dos mil veces hasta que te encuentres en divinidad ante ti mismo. Sin embargo, procura no dañar a nadie mientras te encuentres en este proceso.

Es natural cambiar de ideas, sentimientos, empleo, entorno y profesión si así lo deseas. No te detengas por las limitantes que la sociedad te impone.

Salvo contadas excepciones, no hay imposibles, solo existen si decides creerlo así.

Nadie te otorgará una visión más limitada o más extensa del Universo y de tu realidad que la que tú te construyas.

Y, paulatinamente, esta visión será la que conforme tu existencia porque esta ha sido tu elección fundamental de vida. Una actitud estática no aporta valía a la vida, sino una falsa seguridad que no es sustentable porque terminará por destruir tu espíritu, tus oportunidades y tus expectativas.

Sé libre como el viento, pleno y amoroso. Reconéctate con el Universo y con esta grandeza que no conoce límites ni cuestionamientos. El Universo no niega su esencia, su sencillez, su aparente complejidad ni su poderío. ¿Por qué habrías de negarlo tú, si este es tu derecho divino previo a tu nacimiento, válido desde el instante de creación de tu alma? Antes que un ser terrenal, eres un ser universal, no lo olvides.

Es tuya la elección de perecer en la falsa seguridad de lo conocido o vivir y volar hacia la grandeza de vastas oportunidades que el Universo, con los brazos abiertos, te depara. Si te atreves a abandonar ese débil cobijo para afrontar cambios en tus emociones, tu espíritu y tu vida, el nuevo sendero que recorras será valioso como experiencia evolutiva. Ese sendero te llevará a reencontrarte con una grandeza interna que hasta ahora te habías negado al aferrarte a lo conocido por temor a lo desconocido.

No te niegues más oportunidades y no claudiques ante la falta de estas. Opta por cambiar de vibración, dejando atrás un determinado campo de resonancia y de pensamiento al cual estás atado desde tiempo atrás.

Así descubrirás cómo se abren ante ti nuevas puertas; serás libre y en la libertad hallarás poderosas herramientas para superar crisis y construir abundancia donde solo hubo miseria; serás capaz de sanar y depurar toda imperfección, para desarrollar un nuevo yo.

Serás un nuevo ser bajo una felicidad asociada a la libertad, que te guiará con bondad e inteligencia a no volver a sucumbir ante los errores previos, cuando te encontrabas atado a una realidad insatisfactoria donde toda la seguridad aparente te asfixiaba.

No te permitas más asfixias, dolor ni imperfecciones. Atrévete a tener la valentía de reinventarte, redescubrirte, comprenderte más. En ti está la auténtica integridad que mereces y requieres para alcanzar tus metas en perfección. No hay meta imposible cuando se actúa en perfección, como no hay meta posible cuando se actúa en imperfección.

Más allá del aparente éxito o fracaso presentes, retoma la dignidad espiritual porque, además de ser vital, al final será la única que cuente en tu reunión con la junta kármica cuando vuelvas a casa en el astral.

El astral es la única realidad, la física es un simple reflejo transitorio diseñado para poner a prueba tus capacidades evolutivas, de adaptación, de amar y abrir o cerrar ciclos terminando relaciones disfuncionales para emprender y aceptar relaciones funcionales.

No te limites ya y acepta el fluir universal, acepta los cambios y no presentes resistencia ante ellos, porque no te aportan males; por el contrario, te abrirán las puertas del autoconocimiento, el verdadero amor, las oportunidades, la dignidad y el éxito, gestando así la perfección y la evolución.

La no acción prolongada no es una forma constructiva de crecer, es un simple letargo inútil que produce bloqueos y dolor.

No atraigas y construyas más imperfecciones en tus circunstancias porque esta forma de vida, que no es vida, se opone a tus necesidades.

Todo bloqueo está relacionado con un saldo kármático y falta de aceptación de la evolución, que sabe que debe depurar en cada ser toda situación o entorno que no sean constructivos para fines evolutivos.

No pretendas vivir para los demás ni bajo lineamientos ajenos, así no lograrás conocerte, desarrollarte, evolucionar ni sanar tus condiciones de vida. Nadie mejor que tú y tu yo superior saben qué es lo que necesitas y mereces.

Pasos hacia la evolución

Tu evolución depende de ti, no me cansaré de destacarlo. Para lograrla, estos son algunos de los pasos que sugiero:

- Afronta esta existencia como si fuese la última, acepta las lecciones que te depara y asume la responsabilidad de tus actos, pensamientos y sentimientos.
- En este intento, no te laceres más; el dolor a nadie le sirve y tampoco te ayudará a alcanzar tus metas, solamente ayuda a comprender los errores y el daño que se ha causado a otro ser. Mientras vivas en el dolor, este no te permitirá seguir adelante.
- No te aferres al dolor, al odio, la escasez, el desamor, el ego, la intriga o cualquier forma de bajeza espiritual, mental y social.
- Más bien, decídete por el amor, la bondad, el perdón, la libertad, la evolución, que luchan por salir a flote desde tu interior. Ellos son sabios porque responden a la voz de tu yo superior, y poseen las herramientas necesarias para que consigas vivir en plenitud la vida que anhelas como si se tratase de una simple utopía. La evolución no es una utopía y se encuentra al alcance de todos pese al imperfecto reflejo que te impide ver más allá.

- Vuela ya a la reconexión universal, a la plenitud, al amor, a la verdad de tu divino existir. Tú eres la más vasta oportunidad de creación que se puede alcanzar y al afirmarlo no hablo de tu nacimiento ni de los detonantes particulares asociados a este. Hablo, más bien, de lo que eres capaz de gestar para sanar y salvar tu existencia en grandeza.
- Esfuérzate por alcanzar tu poderío, tu desarrollo, tu amor divino, y vívelos, respétalos, disfrútalos. Sé tu propio ser en plenitud, concibe oportunidades en elevación, vive con dignidad, ama con honestidad.
- No temas a las inclemencias y deslealtades que esperan a tu paso, ignóralas y sigue tu camino, que terminará por volverse constructivo; no dañes tu esencia divina, no te defraudes ante ti mismo.
- Ignora todo mal porque solo así este perderá fuerza y dejará de dominarte, interferir y bloquear tu desarrollo.
- No permitas que el mal invada y contamine tu alma, tus emociones y pensamientos, y cree problemas tangibles y dolorosos.
- Lucha para evitar errar el camino al prestar más atención de la debida a tus errores y los ajenos. No mereces eso; cada uno, sin saberlo, posee grandeza interior, así como capacidades que el Universo expresa a diario.

- Reconéctate con estas capacidades y confía en un Universo ilimitado que tiene y te otorga recursos ilimitados. Así, si solicitas amor a este bondadoso Universo, este te concederá un amor a perfección ilimitado y no mediocre, resultado de tus elecciones cuando se expresan y solicitan en mediocridad.
- Toma en cuenta que todo lo que el Universo tiene te pertenece, pero no para ser destruido o abusar de él, sino para beneficiarte en humildad de estas bondades infinitas y espectaculares, y aprender de ellas.
- Acepta esta pertenencia a la cual te asocias, es tuya, te representa y te ayudará a mejorar tu calidad de vida. Si reconoces que tu alma y el Universo son lo mismo, todo es posible.
- Libérate de las miserias resultantes de las limitantes mentales y emocionales, el Universo tiene infinidad de posibilidades a tu disposición.
- Permítete sorprenderte por las bondades universales, confía en ellas y aprovéchalas. Están a tu servicio, no sigas desperdiciando oportunidades valiosas que pueden conducirte al bienestar deseado.
- Todos tienen derecho a la plenitud en cada una de sus formas, atrévete a solicitar lo que anhelas, en vez de lamentarte inútilmente por no tenerlo. Los lamentos a nadie le sirven; por el contrario, desperdician una valiosa energía

que puede ser determinante para alcanzar tus proyectos.

- Comprende que eres un ser astral y como tal, las bondades universales te aguardan; puedes aplicarlas cuando así lo quieras. Para ello necesitas pedir lo que requieres, en lugar de llorar por falta de oportunidades; no pierdas más tu tiempo o tus pensamientos. Construye con estas capacidades el futuro y la realidad que has soñado.
- No te quejes, no te hieras, no necesitas más dolor. Ya tienes bastante con las consecuencias naturales derivadas de las imperfecciones propias y ajenas. No sigas contaminando tu presente ni tu futuro mirando de frente al dolor, la angustia, la impotencia, la ira. No les prestes más atención; si logras olvidarte de que estas bajas emociones existen, serás capaz de sanar tu vida.
- Recuerda siempre que las imperfecciones y las ideas limitantes no son naturales en el proceder universal, ni en ti mismo. Son el turbio resultado de siglos de dejarse llevar por leyes imperfectas que han sido impuestas a los seres humanos, quienes han sucumbido ante ellas al dar por hecho que forman parte natural del proceder universal. El Universo no actúa de este modo, porque es tan perfecto como lo es Dios.

- Tú eres una consecuencia lógica de la perfección, no lo olvides llevado por la idea errada de las limitaciones, no te centres en las imperfecciones.
- La energía creadora es perfecta y tú la representas. Déjala actuar, no intentes crear desde la imperfección a la cual te empeñas en apegarte. Suéltala, es destructiva, lacerante y dolorosa, y jamás permite que un ser que se deje llevar por esta baja creencia alcance sus sueños.
- Dada su naturaleza divina, tú representas la perfección y no la imperfección, eres la gracia y el encanto con los cuales partiste de Dios. Vuelve a esta naturaleza vivaz que por derecho divino te pertenece y te asocia con Dios. Vuelve a ella y al hacerlo te reconectarás con la abundancia en todo dominio.
- Aprovecha que puedes dominar sus imperfecciones que, repito, no te son naturales, sino el reflejo del temor expresado al creer en las mentiras sociales y en el ego destructor. No dejes que sigan arrasando con tu vida, tus sueños, posibilidades y oportunidades. Sé mejor que todo esto. Aplica con inteligencia dicha capacidad desde tu yo superior, que sabrá mejor que nadie guiarte en elevación.
- Analiza en profundidad si tus elecciones son precipitadas o reflexivas. Procura que sean inteligentes, que hayan previamente planteado un panorama completo de lo que suponen y

a dónde te harán dirigir tus pasos. Tú eres el constructor de tu propia marea y en ella deberás guiar tu barco. No renuncies al que tú elegiste y que te pertenece. Es lo que eres. Y esta marea representa las decisiones que cada uno toma en la vida.

- Nadie podrá vivir tu vida por ti, esta te pertenece. No te conviertas en un tripulante cualquiera de tu barco cuando, por derecho divino, eres su capitán.
- Cada vez que alguien intente obligarte a actuar, pensar, decidir y sentir de un modo que no es natural en ti, resístete; las imposiciones limitarán tu intelecto, tus emociones y tu realidad.
- Sé honesto contigo mismo y después, selo en lealtad y con seriedad ante toda situación y todo individuo con quien te relaciones a lo largo de tu vida. Compórtate con dignidad, amor, piedad y nobleza, esa es la única realidad en la que fuiste creado.
- Toma en cuenta que no se puede cambiar una esencia divina y no hay que sacrificarla por tanta ignorancia evolutiva; se requiere ser iluso para suponer que un ser debe cambiar toda su naturaleza para ser aceptado por otros.
- Quien te imponga condicionantes de entrada para aceptarte, no te ama ni te respeta. De nada serviría, entonces, intentar formar parte

de su núcleo de relaciones porque vivirías en la falacia absoluta.

- Tú eres la luz que te ayudará a encontrar en tu sendero la base de tu sabiduría o tu ignorancia, según procedas contigo mismo. No te conformes con imperfecciones y si para liberarte de ellas debes soltar a personas cercanas, hazlo.
- No vivas aferrado a la irrealidad, no hagas a un lado tu naturaleza divina por las normas sociales, no te hagas copartícipe de tanta desolación.
- Recuerda: nadie ama a un ser si intenta cambiarle para darle cabida en su vida; esto, en vez de responder a las leyes naturales, responde a la ignorancia expresada por una sociedad limitante e imperfecta.
- Alinea tu pensamiento a un solo enfoque mental, emotivo y constructivo; pide al Universo todo lo que requieras para ti y asegúrate de pedirlo también para todo ser vivo.
- Aprende a trabajar con el Universo y dirigirás tus fuerzas correctamente. Para que sean plenas, orienta todo tu ser hacia un solo punto a la vez con el fin de atraer la fuerza energética necesaria para que este proyecto funcione.
- Dale luz a tu vida, tus emociones y tu pensamiento, permítete crear una existencia que sobrepase toda imperfección; vimos ya que, aunque parezca una utopía, es perfectamente

posible si dejas los viejos patrones limitantes a los que pretendes aferrarte inútilmente.

- Dale una segunda oportunidad a tu existencia, tu corazón y tu futuro, renunciando a cualquier bajeza.
- Termina con el ayer y vuelve a ti mismo sin que otros intervengan en tu futuro ni en tu presente. Recupera el vigor que necesitas para vivir y regresa a la plenitud que Dios quiso para ti. Para que esto suceda, utiliza todas tus armas en justicia y vuelve a la energía que te creó, al Universo que es sabio en abrir y cerrar ciclos, en terminar con imperfecciones y en depurarte como preparación para el futuro al cual debes entregarte en total confianza.
- No desperdicies más tu pura esencia divina en distracciones conflictivas y destructivas. Eres valioso para el Universo y es fundamental que en este transitar de la vida terrenal absorbas lo que pueda transformarte en un ser de luz mejor que el que has sido antes.
- Dignifica tu existencia y aprende a ser transparente y honesto al mostrar tus emociones e interactuar con todo el que se relacione contigo en cada instante. Así serás feliz.
- No esperes nada a cambio de las bondades que ofreces, pero tampoco aprendas a esperar lo peor de todo ser y de toda situación.

- Haz a un lado el pesimismo, no te favorece; por el contrario, te limita y te impide conquistar nuevas oportunidades.

- No te frenes ante nada, siempre y cuando tus opciones y los proyectos que te propongas alcanzar no lesionen ni denigren a ninguna forma de vida.

- Piensa que, de hacerlo, la factura posterior será dolorosa y la cuenta quedará abierta durante muchas existencias antes de que obtengas el perdón por ese único error.

- Por consiguiente, procura reflexionar antes de actuar, ¡no actuar sin reflexionar!

- Deja que el Universo te sorprenda en tu trayecto; permítete descubrirte un poco más cada día, descubrir tu potencial oculto, descubrir las capacidades latentes en tu interior que no has dejado aflorar.

- Haz de tu existencia una gran oportunidad de crecimiento y de amor universal; elimina la miseria saturada de eventos traumáticos y odios que no conozcan final. No puedes vivir atrapado en la miseria humana pues tú serás el más agraviado.

- Camina hacia el autodescubrimiento llevado por la dignidad, que es una grandeza que te ayudará a promover tu evolución y ubicarte en el marco idóneo para ello.

- Jamás te traiciones, es un acto cobarde. Y, si evalúas el contexto, las personas a tu alrededor ya te han traicionado lo suficiente como para agravar tú mismo la situación.
- Aun si tu condición actual es dura y durante tu trayecto dejaste atrás un gran amor, jamás vuelvas al pasado porque este solo te causará mayores estragos. Confía en el Universo y sigue adelante.
- Del pasado retoma solo los aprendizajes constructivos, deshazte de cualquier otra experiencia; así quedarás libre de recuerdos negativos o traumas. Verás que cuando te sientas ligero y vacío de toda atadura podrás construirte, entregarte a tu presente y planificar tu futuro.
- Desiste de aferrarte, como muchos hacen, a un pasado limitante e imperfecto o a uno hermoso que ya no existe más y que intentas reconstruir bajo el viento mismo. Estos hechos y seres han dejado de ser materia viva en tu presente, es decir, tal vez existan pero ya han salido de tu realidad.
- De una vez por todas, di no a la ofuscación por un pasado inexistente que temes soltar y que no te ha permitido vivir, construir ni hacer planes. Piensa ¿dónde quedas tú? ¡Sí, tú eres quien eres hoy! Y no lo has aceptado añorando al ser que ya ha muerto en ti, a los viejos amores, a los ámbitos familiares donde no se puede ya culpar ni siquiera a los muertos. Ante esa

lejana realidad, incluso tú eres ahora uno de esos muertos que intenta prolongar una realidad inexistente y se olvida de disfrutar, soltar y aprender del ser que eres hoy pero que te empeñas en ignorar.

- No calles tus necesidades; así surgen traumas, problemas, envidias, dolor, llanto. ¿Cómo esperas conquistar los sueños que hoy habitan en el astral como energía y que esperan a que los crees a partir de ella antes de traerlos a tu plano físico? ¿Cómo, si no vives en tu realidad actual, si no luchas por ti ahora?
- Ten siempre presente que lo que no hagas por ti mismo nadie más lo hará por ti.
- No te comportes como parásito porque no lo eres, has sido dotado de todas las herramientas para progresar en tu sendero de vida y para hacerlo dignamente.
- Descubre la grandeza de tus capacidades, emociones y pensamientos; aprovéchalos con inteligencia y dignidad porque así se te creó y puedes responder a estas fuerzas energéticas, sin cultivar más imperfecciones.
- No permitas actitudes destructivas hacia ti y no le otorgues al dolor ni a quienes te han lastimado el poder de destruirte aún más. Nadie es tan importante como para causarte una enfermedad u obstaculizar tu proyecto de vida por desamor o una mala acción.

- No sacrifiques tus sueños, tu salud, tus pensamientos y tu futuro por bajezas que otro ser haya cometido contra ti. Si lo haces y vives corrompido por el odio y la venganza, serás tú quien se deshonrará, te comportarás con ignorancia al aceptar que un ser menos evolucionado tenga mas peso que tú en tu propia vida.

- Libérate de las imperfecciones ajenas tanto como de las propias, que al menos alguna lección de vida te habrán dejado. Olvida las ajenas, no dejes que te aniquilen por decisión propia, llevado por un ego imperfecto. Insisto, nadie vale tantas lágrimas, dolor o pensamientos destructivos.

- Agradece más bien las situaciones que hayan permitido eliminar las máscaras y aprender de esa realidad. Reconoce que no deberán repetirse en tu vida porque has comprendido la lección implícita y aprendido a sobreponerse a ella sin manchar tu esencia.

- Si no lo has hecho ya, aprende a soltar el odio y toda imperfección, a entregarte al amor universal, a la confianza, a las capacidades que surgirán cuando estés listo para afrontar nuevos retos y así escalar posiciones de modo correcto y natural.

- Toma en cuenta el papel del Universo en tu evolución:

- El Universo no busca limitarte, entiende el proceso evolutivo de todo ser, es tolerante contigo y con todos ustedes, decide sabiamente cuándo es tiempo de recesos y cuándo es tiempo de escalada. Las cimas llegarán y las alcanzarás en los ámbitos que te importen cuando seas capaz de sobrellevarlas sin perder la humildad, la dignidad ni el piso. El ser humano suele ser tan imperfecto que es necesario frenarlo de vez en cuando para que no olvide las lecciones ni se lastime más a sí mismo, para evitar que te topes con más karma propiciado por ti.

- Si el Universo no te amara, te permitiría volar sin aterrizarte y no le importaría mantener un nivel bajo de saldo kármico, sería irresponsable contigo aunque tú disfrutaras de esta irresponsabilidad.

- Pero el Universo te ama tanto que de vez en cuando debe aterrizarte en la realidad y limitar tus impulsos y tus decisiones, y retarte de un modo controlado; sabe que solo así lograrás estar justo donde tanto has anhelado.

- El Universo representa al padre o madre que comprende cuándo debe castigar y cuándo premiar, cuándo restringir y cuándo soltar. Y tú eres el hijo que aprende de una situación que, aunque dolorosa, no amerita que mueras padeciendo por ella.

- El Universo te invita a procurar tu bienestar y no tu autodestrucción; no justificar a aquel que intente destruirte o utilizarte; no aceptar ser denigrado, aunque cada ser tiene derecho a albergar su propia visión sobre otro o sobre una situación; no faltarte ni convertirte en un problema para los seres que intentan ayudarte y apoyarte; comenzar a tomar acciones para dignificar tu vida, tus relaciones y abrir nuevas oportunidades.
- El Universo es un apoyo importante, ciertamente, pero tú eres el factor determinante que sana existencias y relaciones o las obstruye bloqueando oportunidades que pudieron brillar.

Capítulo 2

A DÓNDE SE DIRIGE LA HUMANIDAD

A DÓNDE SE DIRIGE LA HUMANIDAD

Quiero hablarte de un asunto complejo: la responsabilidad que tú y los demás seres humanos tienen de las profundas problemáticas que como naciones, familias y humanidad acarrean y gestan. La desolación humana, espiritual y emocional es el precio que deberán pagar por prestar atención solo a falacias sociales, a la hipocresía de su sociedad con sus jerarquías, a las posesiones y el dinero.

Tú naciste sin relaciones sociales, porque eran de tu familia y tus ancestros, no tuyas. Tú construirás las propias conforme crezcas. Naciste sin un centavo, porque aun si la cuna destinada a alojarte era de oro, esta no te pertenecía, era pertenencia de tus padres.

Naciste con las mismas capacidades de todo ser humano. Por tanto, no eres ni mejor ni peor ni más o menos merecedor.

Tú –al igual que tu planeta, tu cuerpo físico, tu sociedad– no soportas lidiar más tiempo con tanta disfuncionalidad. No lo mereces y no piensas que debes acostumbrarte a ella.

No, ante las miserias humanas y sociales, actúa, afronta, combate en amor, en bondad y dignidad.

Actuar con cobardía e ignorar los peores hechos que los humanos cometen unos contra otros y contra todo ser vivo más allá de su especie; agraviar e imitar tales conductas, ofensas y falta de valor, es tanto la causa como la problemática. Entonces, las responsabilidades kármáticas que posteriormente puedes afrontar como parte de la raza humana, serán ganadas a pulso.

Los temblores, tsunamis, inundaciones y erupciones volcánicas, son consecuencias naturales de las imperfecciones de naciones, sociedades y el mundo al que representan. No son producto de la ira de Dios sino de las bajas vibraciones humanas, de la falta de valores, amor y armonía con la cual impregnan la corteza marina y terrestre. Son resultado del dolor acumulado y multiplicado. En los acontecimientos que tú y la humanidad le reprochan a Gaya, la madre Tierra, solo se expresa el reclamo inútil de quien no comprende que sus actos han dado origen a esas lecciones sociales y grupales.

Deja de considerarte víctima de supuestas bajezas que achacas al Universo. Dios y el Universo centran su atención y su poderío en cosas más relevantes que la destrucción de la humanidad. ¿Por qué hacerlo cuando esta gusta de destruirse a sí misma, cuando sus miembros se "ayudan" mutuamente a desperdiciar sus capacidades evolutivas, a desperdiciar su dharma, a multiplicar su karma? Si los seres humanos ya cometen este cúmulo de agravios ¿qué objetivo tendría desperdiciar más energía universal en ellos?

Tú, y tus congéneres, devastan sus oportunidades de amor, dignidad, humildad, grandeza y evolución. Eligen centrarse en la imperfección y la perdición.

Desde hace muchos siglos la humanidad ha sentado las bases de la perdición y el caos ante los cuales hoy sucumbe. No te sorprendas por mis palabras, en el fondo sabes que son reales. Al recordarte tus miserias humanas no busco acrecentar tu dolor; más bien, busco impulsarte a actuar para terminar con tantas heridas a todo ser vivo habitante de Gaya.

Un exhorto a la humanidad

A la humanidad en pleno le digo:

- Dejen ya de ser mortíferos y lascivos hacia sí mismos y hacia otros seres, dejen de encauzar erradamente sus frustraciones para herirse y herir, y con esa energía efectúen un cambio constructivo. No continúen por el sendero de las imperfecciones porque sucumbirán cuando menos lo esperen.
- No necesitan más violencia, cobardía, indignidad, desolación, enfermedades, dolor y devastación. No necesitan acostumbrarse a las masacres, la falta de oportunidades, la escasez, la traición y los odios.
- ¡Ustedes y sus hijos no necesitan más de eso; Gaya y su flora y fauna no necesitan más de eso! Lo que necesitan es amar; actuar con dig-

nidad; perdonar; ayudar al prójimo desinteresadamente; tener y aprovechar oportunidades, nobleza y alegrías; brindar compasión y apoyo fraternal aunque no lleven la misma sangre de aquel a quien le tienden la mano.

- Ustedes se dirigen con ignorancia a su propio holocausto mundial por la cobardía de no sentarse a reflexionar y restaurar los niveles de vibración en amor, perdón, tolerancia y grandeza. Ayúdense a sí mismos y afronten con responsabilidad el desastre que todos han causado, en lugar de pretender huir de él como lo hacen, a través de las películas de acción que tanto les agrada ver. Decidan reaccionar ante las señales que son avisos naturales del abismo al cual se dirigen.
- Un solo ser que ame y vibre en amor puede ayudar a combatir con esta vibración cientos de enfermedades de muchos seres internados en un mismo hospital y lograr que experimenten mejoría. Ahora, imaginen a cientos de millones que vibran en odio, dolor, desamor, intrigas, despotismos y traiciones, ¿qué ocurre con toda esa podredumbre energética? Sencillamente, aniquila sueños y posibilidades evolutivas, lesiona seriamente, destruye a cada uno de los seres humanos y produce resonancias de odio y dolor que solo ayudan a incrementar crímenes, robos, secuestros, torturas y más violencia porque con eso están inyec-

tando esa funesta vibración a su planeta, sus mentes y sus corazones, y con eso cultivan sus alimentos. ¿Y bajo este marco anhelan tener más hijos...?

- Primero combátanlo y sanen su planeta, sus emociones, pensamientos, intenciones, sociedades; sanen y reparen el hábitat que han dañado; generen fuentes nuevas y más elevadas de empleo para todo ser humano existente; dignifiquen su conducta, su estilo de vida, y sanen y reparen sus sociedades a la luz universal que solo actúa en respeto, amor, humildad y dignidad. Entonces, sí, piensen en tener más hijos porque estos construirán mañana sociedades más sanas, respetuosas, tolerantes, amorosas, equitativas, dignas y con mejores oportunidades.
- Pero, no continúen mirando e incrementando el mal; así lo multiplican, lo fortalecen, le otorgan poder suficiente para que les haga perecer. Miren la luz, el amor, el respeto, la dignidad, la plenitud, la misericordia, la sanación y las bondades que su planeta les ofrece.
- No se queden con la indignidad ni con el desamor, la soledad, la miseria o algún otro pensamiento, recuerdo o sentimiento negativo. No vale la pena seguir desperdiciando su vida, sus emociones, sus ideas, de forma tan destructiva.
- Hagan algo constructivo con la vida en lugar de maldecirla a ella y a su suerte. Porque, como

todo, esta no llega a ti, hay que buscarla y atraerla con el pensamiento constructivo, el perdón, la claridad de ideas aplicadas positivamente.

- Tienen en sus manos los materiales para construir una gran vida; poseen un corazón para sentir inteligencia, elegir y gozar las infinitas bondades que el Universo les quiere otorgar y ha querido otorgarles en el pasado. ¿Qué necesitan? Dejar atrás los pensamientos y patrones de conducta errados, abrir su corazón a la esperanza, abrir su inteligencia a la plenitud y cerrarla a la imperfección.
- Mientras acepten, tomen y provoquen más maldad, se condenarán a la presencia creciente de desastres naturales con consecuencias devastadoras a gran escala y que podrían ocurrir simultáneamente en diferentes lugares. Eso dejaría al mundo entero sumergido en un estado de emergencia y desolación donde no habría ayuda internacional porque la mayoría de los países tendría que afrontar la propia. Habría escasez de agua, electricidad y alimentos, y las consecuencias a nivel económico serían de suma gravedad.
- No concibo cómo alguien puede desear una lección de vida como la recién expuesta porque en esta quien no pereciera por el fenómeno natural lo haría por hambre o falta de atención médica. No, mis hermanos, ustedes no merecen

eso; ustedes merecen amor y paz. ¡Constrúyanlos! Que este sea su estandarte de vida y así, si todos unidos hacen su mejor esfuerzo, esta crisis profunda y masiva no llegará; pero si continúan con las mismas bajezas, muchos millones de personas sucumbirán en ella.

- El Universo no quiere esto para ustedes, quiere ofrecerles solo sus bondades; son ustedes, a través de sus bajas acciones, los que se niegan a aquello que fue concebido para ustedes: las más altas oportunidades.
- Dios no los creó para ser depredadores sociales ni caníbales; más bien, para ser nobles de espíritu, intención, sentimientos, palabra y acción.
- Ustedes son su propia bendición o su propia calamidad. No fomenten más la escasez, el dolor, la injusticia, la ira, la falta de amor.
- Construyan un mundo justo, bondadoso, humano y pleno de valores, en el que cada ser viva en paz, sea respetado, tenga posibilidades elevadas sin necesidad de cometer delitos para alcanzar el estatus de vida que desea.
- Comprendan que el poder, cuando se abusa de él para denigrar, maltratar, asesinar y ultrajar a otro ser, genera entre 360 a 680 años de lecciones kármáticas por cada evento lascivo cometido hacia un solo ser.
- No sigan deshonrándose a tal punto, no vale la pena y el precio será muy alto.

- Algunas situaciones, hermanos míos, nunca serán lo que ustedes desean; sin embargo, en ustedes está ir más allá de ellas, vencerlas, aprender de ellas, depurarlas; así saldrán de su existencia definitivamente.
- Aprendan a vivir y no a denigrarse más, tomen en propia mano el control de sus acciones, depuren sus errores y sus defectos, luchen con todo su ser para salir adelante con ahínco, sanen sus heridas, muchas provenientes de existencias anteriores que provocan que ustedes, sin saberlo, vivan las consecuencias, bloqueos y traumas. Si existe la intención de sanación y el compromiso con este objetivo, la sanación y la evolución siempre serán posibles. Ustedes son quienes podrán sanar su vida y eliminar toda imperfección, pasada o presente.
- Ábranse al Universo, abrácenlo con toda su grandeza. Ábranse al silencio con toda la dignidad que este supone. Ábranse con amor hacia todo ser vivo para ofrecer un voto de confianza y no una agresión.
- La clave de la evolución se esconde en la comprensión de que toda alma, todo átomo, toda materia, representan la continuidad de todos los demás, a los cuales pertenecen por clasificación. Es decir, cada uno de ustedes es la continuidad de todos los demás seres y su interrelación es tal que todo el mal que come-

tan contra un ser lo cometerán contra ustedes y contra todos los demás seres vivos.

Un regalo valioso

Para mejorar tu existencia y la de toda la humanidad, así como la de plantas y animales, te entrego las reglas de conducta que cambiarán tu existencia.

Es vital que comprendas que debes transformar tu relación con tu propio ser, elevándola y purificándola. Al hacerlo encontrarás el marco idóneo para comenzar a poner en práctica también cambios en tus relaciones con las demás personas.

Siempre has solicitado un cambio a Dios, pero si este no fue lo que deseabas, es porque lo que deseabas no era perfecto para lo que requerías o porque no hiciste la petición bajo las bases correctas.

Al conocer que te aqueja esta situación, nosotros, tus hermanos ascendidos, hemos tomado cartas en el asunto, siempre y cuando nos otorgues tu permiso para actuar y resolverla por ti.

Toma en cuenta que jamás has estado solo, que siempre hemos estado allí para ti, pero que eres tú por voluntad propia quien puede permitirnos actuar para purificar tu sendero, para protegerte asertivamente y resolver problemáticas complejas. Entréganoslas y olvídate, es decir, no pienses más en ellas para que no te contaminen con más dolor, duda, miedo, enojo ni crítica.

De no hacerlo, prolongarás el dolor y entorpecerás nuestra labor para solucionar las cosas antes.

En el siguiente capítulo te entrego las 13 reglas para mejorar tu vida, tus relaciones y tus oportunidades.

Capítulo 3

13 REGLAS DE CONDUCTA QUE CAMBIAN LA VIDA Y ABREN OPORTUNIDADES

13 REGLAS DE CONDUCTA QUE CAMBIAN LA VIDA Y ABREN OPORTUNIDADES

Las 13 reglas que te ofrezco son muy sencillas y si las pones en práctica con seriedad pronto verás que mejora tu situación en todo contexto. Si bien algunas son bastante obvias, es probable que no les hayas prestado la debida atención, por lo que creo necesario recordártelas.

CD Las 13 reglas

En este CD encontrarás un video en el que muestro todas estas reglas juntas; de este modo, si eres el tipo de persona con memoria visual, podrás recordarlas y trabajar con ellas con más facilidad.

Instrucciones para trabajar con el CD

- Busca un lugar cómodo donde puedas estar en silencio y relajado sin ser interrumpido.
- Coloca en el ambiente esencia de lavanda o de hierbabuena.

- Respira profundamente esta esencia en el ambiente hasta que te sientas relajado.
- Siéntate cómodamente en una postura que te permita quedarte quieto en ella.
- Reproduce el video y al tiempo que vayan pasando las reglas, repítelas mentalmente.
- Al terminar el video, repítelo, pero ahora concéntrate en comprender el trasfondo de cada frase.
- Por último, graba un audio con las 13 reglas de cada contexto y escúchalo durante el trayecto a tu trabajo, lo mismo que al llegar antes de iniciar tu jornada laboral.
- Trabaja cada día con estas reglas y lograrás mejorar tu vida pronto.

Nota: Aplica estas reglas en todos los contextos de tu vida para lograr soluciones definitivas en cada aspecto requerido.

Cómo abrir oportunidades con las 13 reglas

El Universo da un orden a todo ser que pertenezca a él. Este orden divino y natural ayuda a trazar caminos hacia la evolución y a crear oportunidades para que cada uno las implemente con seriedad en su vida.

Si aprendes las reglas aquí presentadas y las aplicas en tu vida diaria, paulatinamente comenzarás a ver cambios muy positivos en tu vida. La razón es que son justas tanto para ti como para otros seres vivos.

Al actuar en bondad y justicia sin buscar revanchas ni pretender dañar a otro ser, al conducirte con nobleza espiritual y albergar total confianza en que el Universo siempre quiere tu bienestar y siempre efectuará depuraciones positivas en su existencia y en sus relaciones, generarás grandes y constantes milagros en tu existir.

El objetivo es que aprendas estas reglas, te relaciones con ellas y las comprendas; es decir, no solo deberás aprenderlas de memoria sino también analizar por qué funcionan.

Analiza las reglas que presento a continuación y, si comienzas a trabajar a la brevedad, lograrás cambios elevados y dignificarás tus relaciones y tus resultados en toda situación.

Regla número 1: Busca la unidad universal

Tú, y los demás seres humanos, son la voz del Universo. Unifícate con él y responde con humildad y amor ante toda agresión, porque mereces las oportunidades que se derivan del profundo perdón. El Universo necesita y merece lo mejor de cada ser que lo constituye y representa, y tú no eres la excepción.

Hónrate a ti mismo mediante tu constante comunión con él y con cada una de sus formas de vida. Y, a pesar de las imperfecciones propias o ajenas, respeta con dignidad a todos los seres vivos.

Regla número 2: Vive con grandeza

Vivir es un arte y no una condición casual. Aprende a vivir con la máxima grandeza que tu ser pueda reunir y olvida agresiones externas y propias. Una existencia es solo un instante, no pierdas el tiempo ni distorsiones tu esencia por hechos que carecen de importancia.

Regla número 3: Di adiós al odio

No inyectes a tu existencia odios por no perdonar, es lo mismo que no saberte amar. Tú no fuiste creado para el odio ni para el resentimiento, sino porque solicitaste una nueva oportunidad para hacer las cosas mejor ahora que aquellas de tu pasado evolutivo. Afronta tu realidad con amor, bondad y dignidad.

Regla número 4: Haz a un lado lo que no puedes cambiar

Acepta los aspectos que no puedes cambiar de una situación y después desvincúlate de ellos.

Cuando aprendas a soltarlos restándoles toda importancia en tu existencia, perderán la fuerza que los sustenta y que los hace estar presentes en tu vida.

Regla número 5: No pretendas ser lo que no eres

No persigas sueños ajenos ni vivas una existencia que no responda a tus requerimientos evolutivos y depurativos. Tampoco obligues a nadie a actuar de modo contrario a su esencia y a sus necesidades. El mismo respeto que exiges para tus procesos evolutivos, decisiones, pensamientos, credos, intenciones y forma de vida, es el que deberás mostrar para con los demás seres, bien sean tus hijos, padres, hermanos, pareja y amistades. Acepta tus tropiezos y tus aciertos, lo mismo que los de otros, sin alabanzas superfluas ni críticas avasalladoras. El amor es respeto y toda relación debe basarse en ese respeto. No niegues lo que sí eres ni pretendas ser lo que no eres.

Regla número 6: Cultiva las oportunidades

Las oportunidades se cultivan como recompensas ante aciertos evolutivos. Permite que la grandeza de tus actos hable al Universo y en este discurso fomenta las bases necesarias para atraer a tu hogar y a tu persona las mejores oportunidades que antes solo eran posibles en los más hermosos sueños.

Regla número 7: Genera sentimientos perfectos

Los sentimientos imperfectos y los perfectos suponen el mismo esfuerzo en su generación y en cambio, los resultados son infinitamente disímbolos. Sucumbir ante el dolor de la imperfección supondrá un futuro colmado de dolorosas lecciones cuando con la misma energía puedes construir un futuro de bienestar, amor y plenitud.

Regla número 8: No anheles lo que no es para ti

No finques tus anhelos en lo que por derecho divino no te corresponde. No pierdas tu tiempo en convertirte en la figura gris de la amante de nadie cuando en otro lado puedes tener la relación en plenitud mirando al sol y con el consentimiento del Universo. No te denigres más como reflejo de la denigración de la cual fuiste víctima en el pasado, por parte tuya, de tus padres o tutores legales.

Intentar obtener y mirar lo que no se tiene es un sendero que te afectará colmándote de insatisfacciones innecesarias y duras lecciones. No necesitas más indignidad en tu vida; más bien, tienes que sanarla en todo ámbito. No te aferres al pasado ni a vivir de los sueños de un futuro. Todo lo que no tienes no te pertenece y es señal de que aún no estás listo para vivir algo como lo que anhelas conquistar.

En lugar de quejarte y maldecir, comienza a depurarte y disfrutar lo que deseas. Así crearás las condiciones necesarias para que aquello perfecto que anhelas o aquello similar en perfección a lo que anhelas pueda llegar a tu vida. Una relación en la oscuridad nunca representará lo que el Universo desea para ti.

Regla número 9: Ofrece amor sin condición

El amor debe ofrecerse sin limitantes ni condicionantes. El amor, por ser la expresión más noble de la existencia humana, debe ser siempre respetado. No te pierdas en ideas o situaciones disonantes que nada tienen que ver con el amor; este es nobleza de espíritu, libertad de proceder, respeto absoluto, apoyo en los momentos difíciles y comprensión de que todo evoluciona y en la evolución en un instante u otro las realidades cambian y se vuelven discordantes donde antes eran acordes. Expresa este amor con el respeto que permita al ser amado partir si esta partida supone que se encuentre mejor consigo mismo y con el Universo.

El amor es noble, humilde, piadoso, sabe perdonar pero jamás se externa con chantajes o actitudes posesivas. No se alcanza con calumnias o aceptando autodenigrarse o asumir papeles que agravian y responden al ego y la indignidad social y personal.

No te permitas ser objeto ni juguete sexual de nadie. Sé lo mejor que puedas ser con tu persona porque tú y el Universo merecen exclusivamente lo mejor.

Regla número 10: Respeta la vida y la dignidad

Respeta siempre la vida y la dignidad implícitas en la existencia de cada ser. No tienes derecho a destruir en forma moral, física o emocional a ningún otro ser, no te consideres merecedor de ejercer tan retorcido poder porque al hacerlo expondrás tus propias debilidades y carencias. No repudies ni agravies a otros. Dios no crea existencias de ninguna índole para que sientas que puedes terminar con ellas. Todo ser que habita el planeta está en él porque así correspondía que fuera. Si te honras y respetas, honra y respeta a todo ser vivo, te guste o no, puesto que ese ser tiene tanto derecho como tú a acceder a una vida digna plena y colmada de amor y oportunidades.

Regla número 11: Acostúmbrate a guardar silencio

El silencio es una forma elevada de amor y respeto. Cuando no puedas decir nada agradable y sincero a alguien, respétate a ti mismo y a él guardando silencio. Que las palabras no sean más un causal de karma, que el silencio sea la piedad expresada, el perdón ofrecido, el amor creciente. A través del silencio obtendrás la claridad de pensamiento y de sentimiento que requieres para mejorar tus relaciones de todo tipo. Una agresión que no encuentra eco es como un terreno infértil donde dicha agresión no tomará fuerza ni regresará a ti. En caso de que hayas sucumbido antes a las agresiones, te propongo que cada agravio que desde hoy recibas lo transformes en bendiciones: bendice y expresa humildad ante los que ayer se denominaron tus enemigos. Así lograrás cambiar las **relaciones, sanarlas y abrirte paso a la más pura experiencia del amor universal.**

Regla número 12: Incorpora la fe a tu vida

La fe es una fuerza creadora por pura esencia divina que puede minimizar los efectos kármáticos. Aprovéchala, hazla parte de tu vida, tus decisiones y tus procesos depurativos. Vive con fe; así, al comprender que quien está unido al Universo nunca está solo ni desamparado, darás vuelta atrás a la depresión, la desolación, la soledad y el desamor. Tú eres la fuerza universal que debe creer que tiene oportunidades, que merece amor, un empleo mejor, un ámbito familiar más sano. Entonces, si los actuales no te satisfacen, lucha por cambiarlos y si ves con tristeza que este ámbito no cambia, siéntete libre de desvincularte de él; pon tu bienestar personal por encima de tu amor por otro.

Regla número 13: No te limites, rompe las ataduras

No limitarte ni herirte es tu derecho divino. Renuncia a todo el dolor y a todo contexto que te lesione. No más odios ni más escasez. Asume la responsabilidad de tus decisiones, tus emociones y posibilidades; si no encuentras lo que necesitas en tu hogar, respetuosamente termina con los vínculos familiares, sociales, laborales y sentimentales si son lascivos para ti. Atrévete a romper las ataduras que tanto dolor te han causado y te enseñaron a vivir devaluándote más y más. Esta forma de vida no es la perfecta que el Universo amorosamente concibió para ti y estará presente mientras tenga cabida en tus sentimientos. Si continuamente piensas en ella, la maldices, la odias y sigue mermando tus posibilidades al aferrarte a una forma de vida y de relación tan disfuncional, perecerás por tu propio gusto ante ella. No permanezcas como presa de relaciones y situaciones imperfectas, ni del desamor oculto en ellas.

Que la luz divina bañe siempre tus afectos y no pagues con mal el bien que recibes de los demás; con ignorancia las elevadas bondades recibidas;

con traición el amor; con escasez la abundancia. No seas avaro y comparte toda tu grandeza interior, no te destruyas más, perdónate, perdona los errores. Comprende que, más allá de las imperfecciones propias o ajenas, cada quien, en su ignorancia evolutiva, social o emocional, hizo lo mejor que pudo con lo poco que tenía. Y es que si no te sabes amar ni respetar ¿cómo esperas poder verdaderamente amar o respetar a otro ser?

Por otra parte, de haber sido tú el que erró y fue el mayor culpable de la crisis de toda relación, pide perdón, arrepiéntete, busca soluciones e intenta reparar las faltas cometidas. Y, de no ser posible, da vuelta a la hoja y no te atormentes más con los recuerdos; vive, ama y utiliza este aprendizaje de vida para en lo futuro no volver a sucumbir ante él.

Recuerda que lo mejor de ti está por ser descubierto, atrévete a hacerlo y no te niegues más a gozar de tu esencia divina.

¿Qué esperar con estas reglas?

Si aplicas estas reglas en tu vida cotidiana, verás que esta comenzará a cobrar nuevos tintes más positivos, que el Universo te tomará de la mano y te llevará hacia el sendero perfecto.

El Universo sabe mejor que tú a dónde deberá conducirte y dónde se encuentran las soluciones a tus conflictos, ya que tiene una visón panorámica de 360 grados de la situación. Vibra en sintonía con la resolución, a pesar de tus dudas y todo ocurre si así debe ocurrir. Aunque a primera vista no te agrade, al final el resultado será sanador y representará el preámbulo para cambios mejores.

Fluye bajo la protección del Universo, permite que este sea tu mentor en todo momento; si le das oportunidad de ayudarte a purificar tu existencia y tus proyectos, tú serás quien obtenga los beneficios.

Céntrate en vivir y en vibrar en su amor incondicional que se expresa a cada instante cuando te permites ver las señales que te indican las directivas por seguir. No te permitas ignorarlas porque conllevan valiosas oportunidades de vida.

Acepta que el Universo se unifique contigo, con tu forma de vida, tus sueños y tus proyectos. Así ampliarás el radio de acción que ayudará a transformar el contexto de tu existir.

El Universo siempre te ha hablado, tú eres quien se empeña en ignorarlo y en esa ignorancia están implícitas las calamidades que tú te creas, lo cual afecta tu realidad y la de otros. La ignorancia espiritual y emocional es la culpable de la realidad que hoy padeces.

En vez de seguir culpando a Dios, al Universo, a tus padres, familiares o amistades o a tu nación del dolor que en forma directa o indirecta te han causado, toma las riendas de tu vida y enfócate en crear una realidad que responda en perfección a lo que buscas alcanzar.

Aclara y canaliza correctamente tus pensamientos y sentimientos, y verás que sí es posible cambiar la realidad que hoy tanto te duele.

Capítulo 4

La depuración sentimental

La depuración sentimental

Todo en este Universo –al cual representas y del cual formas parte– es un continuo avance que no se queda suspendido eternamente en un único escenario de un instante de realidad. Los cambios y las depuraciones energéticas, evolutivas, sociales, laborales, sentimentales y familiares son cosa natural y ocurren en cada fracción de segundo en el infinito Universo. Tú no eres la excepción en este sentido.

Pasos esenciales

Aquí abordaremos una de las depuraciones de mayor relevancia, la sentimental, y los siguientes son pasos esenciales en tu camino a alcanzarla.

1. Alcanza la justicia emocional

- Si vives una situación, emoción o relación que ya ha demostrado ser altamente disfuncional y destructiva, no te aferres a ella como un infante herido. No mereces que tu vida resulte más y más lesionada con este tipo de cosas.
- No pierdas más valiosos instantes lidiando con vacíos, que son lo único que te ofrecen las si-

tuaciones, relaciones y contextos errados a los que te has acostumbrado.

- Frénate si es que todavía te agrada perecer ante ellos y adentrarte en experiencias aún más imperfectas, dolorosas y lascivas de las que se expresaron en su momento inicial.
- No intentes vivir atrapado desde tu nacimiento hasta tu muerte entre las mismas cuatro paredes si en ellas has sido infeliz. No intentes ajustar tu espíritu a un modelo de relación en el que solo una de las partes gana y la otra todo pierde, porque eso nunca hará feliz a ninguno de los involucrados.
- Toma en cuenta que no es posible alcanzar la felicidad donde solo hay escasez emocional y una nula voluntad de brindar amor y comprometerte con el ser con quien te estás relacionando.
- Si no deseas emprender una relación pues crees que no habrá felicidad para ti en ella, no lo hagas. No serás juzgado ni te generará karma alguno rechazar esa oferta.
- En cambio, sí te generará un saldo kármico hacer –adrede– que otra persona pierda años de su vida prometiéndole situaciones que jamás querrás ni podrás cumplir.

2. No finjas ser quien no eres

- No prometas convertirte en alguien que no eres, ni prometas intentar cambiar tu esencia.

Esto crearía una relación que no es auténtica y, en consecuencia, conflictos, amargura y una sensación de traición.

- Procura no solicitar a otro ser que cambie su esencia para aceptarlo; esto es absurdo, pero también lo es pensar ingenuamente que él o ella cambiará solo porque tú se lo pidas y condiciones a ello una supuesta relación que estará siempre condenada al naufragio de la imperfección.

  No se puede cambiar el mar para convertirlo en selva ni a la selva intentar conformarla para que tome la identidad del mar. Lo mismo ocurre con los seres humanos, sus relaciones y situaciones.

- Al avanzar en la vida, aprecia la esencia de las cosas, de las personas y de las emociones, es decir, lo que son. No te aferres a la idea que se inventan de que eres capaz de transformar un hecho, emoción, persona, sentimiento o realidad en lo que tú esperas que sea.

  No te engañes más. El sol no dejará de ser sol porque tú desees convertirlo en luna.

- Acepta que no hay que pedir que las personas renuncien a ser quienes son porque, aunque por amor lo intentaran, no podrían soportar el peso de no poder expresarse con su propia identidad y antes o después explotarían ante dicha presión.

3. Acepta la realidad

- Si comprendes que, aunque supliques, llores y ordenes, las cosas son como son y tú no puedes cambiarlas, sabrás que la única solución es aprender de esas imperfecciones y un buen comienzo es lidiar con ellas sin caer en una crisis existencial. Nada seguirá el ritmo que quieras imponerle; sencillamente es como debería ser bajo la elevación de la sabiduría universal.
- Considerando lo anterior, a la pregunta de por qué continuamente entran y salen personas de tu vida, responde que las relaciones son transitorias y los sentimientos implican lecciones evolutivas.
- Sin embargo, no desvalorices tus emociones. Por el contrario, dado su carácter puro y genuino, trátalas con el respeto que merecen y que tú mereces al expresarlas.

4. No sobrevalores

- Dale a las cosas y a las relaciones su justo valor. Es decir, no agredas ni llegues a cometer un asesinato por una simple traición, un abandono o el inminente final de una relación que ha sido disfuncional, agresiva, destructiva y desatinada para ambos.
- Serénate, tú eres mejor que eso. Saca la casta, afronta la situación, agradece con dignidad el

final y las alegrías, si las hubo. De no ser así, agradece que ese error en tu vida no existe más, cómprate un traje nuevo, come en tu restaurante favorito, decídete a empezar de cero y construye tu nueva existencia en plenitud.

5. No ofendas

- No ofendas a persona alguna, ni mucho menos intentes chantajearla con palabras o amenazas; no ofendas tu inteligencia ni la ajena.
- Abandona las relaciones disfuncionales y las situaciones turbias. Desecha la maldad y las imperfecciones.
- Ignora chantajes y agresiones, los cuales denotan lo siguiente:
    - Inseguridad
    - Carencia total de amor
    - Falta de verdad en la vida
- Considera que:
    - Nadie que en verdad te ame te lastimará
    - Nadie que en verdad te ame te mentirá
    - Nadie que en verdad te honre y valore tu inteligencia pretenderá chantajearte
    - Nadie que te ame intentará sacar provecho del amor que tú sientes por él o ella.

- No pienses siquiera en aceptar la mentira de alguien que dice amar y lo que hace es denigrar, ofender, chantajear y aprovecharse de quien le ofrece un amor honesto y limpio a la luz del sol.
- Acepta y respeta las elecciones ajenas aunque estas puedan implicar una derrota o un rechazo o se asocien a la traición. Dale siempre vuelta a la página. Quédate con lo constructivo de la situación, con el aprendizaje que te dejará por el resto de tu vida y olvida el dolor.

6. Aprende a fluir

- Ciertamente, no puedes cambiar toda una inercia que es natural en el Universo solo porque así lo deseas; no obstante, a medida que cambies tu nivel vibratorio, tus emociones, tus pensamientos, tus acciones y tu interrelación con este mundo, sí podrás cambiar y sobreponerte a las imperfecciones propias y ajenas. Así lograrás que alguien que antes te temió y por ese temor o envidia te agredió, ahora se torne más afable, respetuoso y dispuesto a negociar y a reconciliarse contigo, encontrando así un punto de mediación para resolver cualquier conflicto.
- Si te sientes listo para mejorar como ser humano, busca y encontrarás mejores oportunidades que volverán a tu existencia después de largo tiempo de ausencia, presentándose por sí mis-

mas. Esta una clara señal de que la evolución ha empezado a gestarse en ti. Al ser ahora parte de una nueva corriente de pensamiento, de sentimiento y de amor, verás como estás siendo conectado con corrientes electromagnéticas vibratorias y universales más elevadas. Observarás cambios positivos milagrosos en tus relaciones, tu empleo, tus posibilidades y tus expectativas, y eso, paulatinamente, hará que tu vida sea más plena y equilibrada.

- Tú eliges cómo empleas la ley de atracción y la totalidad de una vibración: si apuntas a la perfección o la imperfección, a altas oportunidades o a situaciones problemáticas.

7. Sé constructivo, no destructivo

- Con tu libre albedrío, decide si sucumbes ante los desaciertos o te elevas por encima de ellos sin vivirlos para saltar, directo y sin titubeos, de una realidad imperfecta a una perfecta.
- Convéncete de que todas las bondades son posibles cuando se han unificado con el Universo, proceso que deberá ser gradual y comprender la unificación de pensamiento, sentimientos y acción.

Bajo esta nueva y refrescante realidad aprenderás que cuando te has unificado al Universo todo lo que ocurra –aun si en ocasiones es contrario a tus deseos– será siempre lo mejor para ti y te abrirá nuevas posibilidades que ni siquiera te habías atrevido a considerar.

8. Controla tus instintos, no permitas que ellos te controlen

- Deja de actuar bajo impulsos e instintos porque para eso tienes un cerebro que te dota de capacidad de análisis y selección.
- Pregúntate cada día ¿quién soy yo, quién quiero ser, para gozar de mejores oportunidades y lograr mi plenitud espiritual, emocional y material?
- Bajo el mandato de tu yo inferior eres capaz de destruir; en cambio, en elevación, cuando escuchas la voz de tu yo superior, tienes la capacidad de construir y crear hermosas realidades. Construye tu realidad bajo estructuras más sanas y respetuosas hacia ti mismo y hacia todo ser vivo.

9. Proyecta tus sueños con tu pensamiento

- Inspírate al persuadirte de que todo es posible en la grandeza del Universo cuando actúas en amor, en perdón, y tus actos y decisiones son guiados por tu yo superior. Como extensión de Dios, en tu interior existe la grandeza de esta energía, este puro amor, este acto de creación que no responde a frenos, ataduras ni limitantes y que no encuentra imposición. Vive, por tanto, en la realidad divina planificada para ti y cada uno de ustedes.

- Si algo vale la pena que tengas en cuenta es que Dios no desea verte desfallecer en la impotencia, la amargura y la soledad; por el contrario, desea verte crear, vibrar y solucionar situaciones mirándolas desde una visión panorámica y aérea. Sé el piloto de tu destino, pero no emprendas vuelos a ciegas que terminarán en fracasos, aprende antes a volar tu propio avión.
- En pleno vuelo, aprende a pilotear ese avión que representa tus reacciones, tus emociones, tus pensamientos. Y para tener la libertad que realmente anhelas, renuncia a tu ego, a las imposiciones, la amargura, el desamor, la traición, la cobardía, la maldad, la mentira, el abuso y las bajezas de toda índole. Todas esas emociones no son naturales en ti, las has aprendido y has desarrollado como consecuencia las bajezas que representan y se impregnan en las sociedades. Así, en tus interacciones, tú las das por sentado y aceptas incluirlas en tu vida y las relaciones cotidianas.

10. Rechaza las imperfecciones

- Aunque aceptes las fallas ajenas como parte de la normalidad social, eso no significa que debas fomentarlas ni implementarlas en tu vida.

- No aceptes que los enfermos de maldad cometan asesinatos y se justifiquen alegando que la muerte es parte natural de la vida o le resten importancia, considerando erradamente que han aliviado el sufrimiento humano de otro ser. La muerte es natural cuando la persona ha tenido la dicha de aprender de sus errores, de amar y crearse en perfección, cuando ha quedado satisfecha consigo misma y con su resultado evolutivo, cuando es producto de la edad avanzada, es decir, de causas naturales.

11. No actúes con cobardía e injusticia

- Rechaza esa malsana justificación porque este tipo de muerte –que ocurre como consecuencia del odio, el dolor, la amargura, el desamor y las bajezas de quien ha tomado como presa a otro ser inocente; lo tortura privándolo de alimento, de su libertad, sus decisiones y sus posesiones; lo aniquila moral y psicológicamente hablando– no es normal.
- No aceptes que sacrifiquen a perros u otros animales en un laboratorio de investigaciones médicas o cosméticas, ni siendo víctimas de un enfermo de odio que los rapta de la calle en pos de un supuesto arte. No hay que confundir la muerte y la tortura con arte.
- Hace poco escuché a una mujer decir que la supuesta fiesta brava era el arte de tomar en tus

manos la vida de un animal. Para comenzar, el arte jamás parte de un cobarde asesinato. No, hermano mío, no te conviertas en asesino porque ese karma es uno de los que más dolor cuesta sanar.

- Promueve que se deje ya de asesinar toros en espacios circulares bajo la cobardía disfrazada de valentía, de atacar a capa y espada a un animal al que han tenido sin comer, sin agua y drogado para que no esté en su máxima capacidad cuando sale supuestamente a combatir bajo condiciones de claro abuso y maltrato animal.
- Piensa que este hermoso animal será sacrificado amputándole todo y derramando su sangre por la cobardía de los empresarios, el torero y un público bárbaro que se compara con el asistente al Coliseo Romano que acudía a ver a leones devorar hombres. Esas barbaries arcaicas son anormales y si las consideran normales y se jactan de ellas, entonces equilibremos las cosas: que los leones, tigres y elefantes luchen en igualdad de circunstancias, con garras y dientes afilados, con hambre y que tú o cualquier otro ser humano se coloque delante de ellos para ser comido solo para que su vecino o su hijo goce extasiado con el asesinato inútil. Lo sé, la imagen que plasmo no es agradable y la repudias porque el agraviado y asesinado serías tú...

- Cuestiónate: si repudias y condenas los errores cuando estos te afectan directamente, ¿por qué no aceptar que están mal y, en lugar de justificarlos e ignorarlos, hacer algo constructivo al respecto? Lucha porque se erradiquen las peleas de perros, de gallos y, como ya vimos, las corridas de toros. Contribuye a la conciencia social para frenar secuestros, amputaciones, violaciones, asesinatos y todo tipo de cobardía, abuso y violencia fatal, que deben ya terminar definitivamente. Deja de herirte y afronta la responsabilidad de tus actos pasados y presentes.
- Despierta al amor, al respeto, al perdón y a la dignidad. Jamás vuelvas a hacer eco a las bajezas de otro ser. No las fomentes, no las aceptes, no las sigas, no las inculques en otro ser; no te hagas cómplice de asesinatos o abusos hacia ningún ser vivo, sean cuales sean su origen o sus capacidades.
- Graba en tu mente, a fuerza de repetirlo como lo hago yo, que las personas y otros seres vivos no se han hecho por así convenir al cobarde, el abusador o el asesino. A ti y a otros seres humanos se les creó porque así correspondía a un proceso natural de evolución y, te guste o no, tendrás que respetarlos porque en su existencia y en los errores que hoy repudias en ellos se encuentran los mismos senderos evolutivos y los mismos errores que tú, en tu ignorancia

evolutiva de entonces, has gestado en otro ser, en otro tiempo.

- Por consiguiente, cabe recordarte que no hay que juzgar y condenar en otros los mismos errores que tú cometiste antes y para los cuales has tenido que solicitar tolerancia y perdón.

12. No seas soberbio

- No consideres que el único ser digno de existir, de ser perdonado, de evolucionar, eres tú y no los demás seres vivos. Después de todo ¿quién crees que eres?
- Vive, siempre y cuando al hacerlo respetes todas las demás formas de vida a pesar de las imperfecciones ajenas o propias.
- Como mencioné, no tienes por qué aceptar convivir con quienes no deseas porque la convivencia, la amistad, el amor, no son ni deben ser una imposición.
- Y, como sucede en otros casos, esta libertad para seleccionar a quién quieren y a quién no quieren en su vida no les otorga el derecho de herir, humillar, ofender, torturar, abusar y asesinar a otro ser por las claras diferencias respecto a ti.
- Vive, ama y perdónate por lo que te has hecho, perdona también a los demás por los errores y

desaciertos evolutivos que te han afectado de una u otra forma.

- No dejes de ser quien eres ni fuerces una evolución que no sientes que puedas alcanzar en el momento presente. Pero sí proponte y lucha por ser el mejor ser humano posible, y cierra tu comprensión, tus sentidos y tu existencia a toda forma asociada al mal.

13. Regresa a la luz

- Vuelve a la luz, a los valores, a los principios, al amor, a la dignidad, y en este sendero encontrarás con beneplácito que has conseguido llenar tu vacío interno, que has encontrado solución y no requieres de la posesión para intentar inútilmente acallar tus carencias internas. Si sigues esta fórmula, todas tus carencias serán resarcidas y eliminadas de tu existencia.
- Sé hoy, por elección, quien siempre has debido ser, y que esta nueva dignidad sea la responsable de sanar tus viejas heridas emocionales.
- Te invito a retomar tu dignidad, a no jactarte más con euforia de la muerte o derramamiento de sangre, del odio, la ira y la inmundicia. Tú eres en esencia divina mucho mejor que eso y mereces lo mejor de ti y no lo peor.
- De hacer falta, hermano, te lo recalcaré durante mil siglos más: vuelve a la luz, es imperativo

que desde ahora lo hagas con convencimiento natural de causa.

- Acepta esta luz que te conducirá a la milagrosa presencia de la luz universal, la cual transforma corazones, sana emociones, termina con el dolor e impulsa al ser a cambiar su vida de forma constructiva.
- Vuelve a la luz, a la perfección, al amor, a ser quien eres en realidad. Y en esta calma y nueva realidad, empieza a soñar y a construir lo que desde ahora aspiras de forma elevada, amorosa, calmada y sustentada.

14. Permite que tu alma y tu corazón se expresen siempre en elevación a través de tus acciones y tus palabras

- Aplica este aprendizaje para sanar y mejorar tu existir. De nada servirá asistir a seminarios, cursos y leer contenido metafísico si no eres congruente contigo mismo, con tus seres queridos, con el Universo y con tus posibilidades porque nadie recibe bondades elevadas si solo ha sembrado tempestades.

Capítulo 5

LA DEPURACIÓN MENTAL

La depuración mental

El Universo ilimitado ofrece diversas herramientas que puedes y debes utilizar si deseas que mejoren tu existencia, tu calidad de vida y tu relación con el mundo, las demás personas y seres vivos.

Es tiempo de reconstruir y sanar tu vida, no esperes a recibir la factura de tus acciones.

Qué es la depuración mental

La depuración mental es un principio universal que no se asocia únicamente con la humanidad. Existen en el Universo infinidad de formas de vida inteligentes con capacidad cerebral similar a la de ustedes, en mayor o menor grado. Lo cierto es que esta capacidad existe y se aplica.

La depuración mental es un compromiso callado y estricto, que conduce a la persona a decidir utilizar toda su capacidad de pensamiento en forma constructiva y no negativa. Es decir, dado que al ser inteligente sabe que no debe ser su propio verdugo, renuncia a todo pensamiento indigno, errado, lacerante o limitante que pueda surgir en su cerebro como respuesta inmediata a una situación.

SUGERENCIAS PARA LA DEPURACIÓN

1. Afronta el miedo

- El miedo no es un sentimiento natural del ser, pero sí una realidad cotidiana que afronta como resultado ante fracasos anteriores. Evalúa hacia dónde quieres llevar tu existencia y tus proyectos, así como qué posibilidades quieres desarrollar.
- Traza un plan divino inteligente, constructivo y depurativo que ayude a no prolongar las bajezas de tus acciones ni avalar o sustentar las miserias de relaciones que son lascivas y denigrantes para ti o para alguien más. ¡Abandona tu miedo!

2. Depura tu ser

- Para alcanzar la depuración mental, comprométete contigo mismo. ¿A qué? A no desperdiciar un solo pensamiento que generes, a desechar ideas, conceptos, emociones y hechos que sean limitantes, dolorosos, destructivos o disfuncionales.
- Comprométete a no aceptar la maldad en tu pensamiento, no dar cabida a miedos, angustia, indignidad, cobardía, mentiras, celos, ira, traición, frivolidad o calumnia. A no enfocar

tu pensamiento, tus sentimientos ni tu tiempo en envidiar ni intentar destruir la felicidad, las oportunidades, las relaciones o la vida de nadie.

- Realiza este esfuerzo, lo mereces aunque pueda parecerte titánico. De asumirlo, tu vida tomará un rol y una elevación increíbles que hasta ahora no has conocido.
- Lucha porque este compromiso sea firme y constante. Acátalo con seriedad.
- Para cumplir esta nueva misión en la vida, comienza por implementar el ayuno mental. Efectúalo paulatinamente, y entrégate con esperanza a esta técnica de sanación mental. Unifícate con ella y vuelve a hacer programación mental como si fueras un bebé en su primer año de vida.

3. Realiza el ayuno mental

- Cuando estés saturado mentalmente y altamente contaminado, haz un paro total de pensamientos, ya que no eres objetivo ni constructivo en tu proceso mental. En un principio puede parecer muy complicado pues no estamos acostumbrados –sobre todo los occidentales– a poner la mente en un estado de no pensamiento y eliminar todo pensamiento entrante. Sin embargo, cuando hayas trabajado lo suficiente en esta técnica, observarás que es más fácil obtener claridad mental para resolver constructivamente situaciones complejas. Después de poner tu mente en blanco, habrás logrado dominar tus miedos y tus propias limitantes mentales para dar paso al uso más constructivo de tu intelecto.

- Para hacer lo anterior, comienza a pronunciar las siguientes frases.
    - Hoy no me miento a mí mismo ni a ningún otro ser.
    - Hoy no me permito ofenderme a mí mismo ni a ningún otro ser.
    - Hoy no me permito pensar en escasez, no me aferro a ella.
    - Hoy no me permito sentirme desprotegido ni abatido por la situación.
    - Hoy no me permito explotar con nadie ni destruir mi futuro.
    - Hoy no me permito dejar surgir lo peor que habita en mi interior.
    - Hoy no me permito envidiar a nadie ni ninguna posesión.
    - Hoy no me permito ser hipócrita ni ambicioso bajo ningún concepto.
    - Hoy no me permito lastimar a ningún ser con mis acciones.
    - Hoy me comprometo a no influenciar a nadie en sentimientos o decisiones.

- Hoy no me permito destruir mi día con odios, decepciones o traiciones.
- Hoy no me permito mirar mi pasado ni juzgar tampoco el de otro ser.
- Hoy no me permito aferrarme a las imperfecciones de mi cuerpo.
- Hoy me comprometo a amar a todo ser, respetarlo y honrar su divinidad.
- Hoy me comprometo a poner mi pensamiento y mi sentimiento en perfección.
- Hoy me comprometo a unificar mi existir con la grandeza universal.
- Hoy me comprometo a ser feliz con lo que tengo y no añorar lo ajeno.
- Hoy me comprometo a respetar todo compromiso, interno o externo.
- Hoy me comprometo a vivir en plenitud sin pensar en el pasado o futuro.
- Hoy me comprometo a amar con dignidad sin esperar nada a cambio.
- Hoy me comprometo a perdonar mis errores y los ajenos.
- Hoy me comprometo a no mirar el mal bajo ninguna forma ni contexto.
- Hoy me comprometo a no interferir en relaciones emocionales o familiares de terceros.

- Hoy yo renuncio a todo pensamiento, hecho, idea, intención o sentimiento que resulten limitantes lacerantes o agraviantes.
- Hoy yo renuncio a toda bajeza e imperfección para reconectarme con el amor y el perdón.
- Así ya es, así cada día en todo ser bien será.

- Trabaja a diario con este ayuno, desde que te despierte. Enfócate en él y repítelo para ti mentalmente varias veces al día todos los días. De esta forma tu cerebro se desprenderá a cada instante de la bajeza que antes aceptaron y se reconectará con el amor y la grandeza universales.
- Ayuna mentalmente, así poco a poco destruirás creencias falsas que durante largo tiempo has dado por sentadas, permitiendo que perjudiquen y frenen tus proyectos, tus relaciones y tu futuro.
- Con el apoyo de este ayuno mental, reprograma de modo consciente tus pensamientos, sentimientos y emociones para construir poco a poco mejores oportunidades en todo contexto. Así podrás desconectarte de toda indignidad y conectarte con la grandeza universal, que es la fuente promotora de la abundancia.
- Utiliza esta depuración con tus hijos, pues sus efectos son más inmediatos en los niños, los seres que con más facilidad abandonan pa-

trones errados de pensamiento. No obstante, a cualquier edad y bajo cualquier circunstancia es posible empezar a trabajar con este ayuno mental.

- No te des por vencido si en el lapso inicial pierdes varias veces la concentración, esto es natural, ya que tendrás que volver a implementar nuevos hábitos de pensamiento y esta tarea no se logra en un día. De manera gradual tu cerebro reaccionará positivamente a esta nueva y simplificada forma de dirigir tus pensamientos.
- Concédete un voto de confianza y dáselo también a tu capacidad de pensamiento. Sin que lo adviertas conscientemente, tu cerebro comenzará a trabajar con el pensamiento en piloto automático pero esta vez lo hará de modo correcto y no disfuncional. La razón es que trabaja con cualquier programación que le efectúes, bien sea incorrecta y limitante o correcta, creativa y expansiva.

4. Acepta la ayuda del alto astral

- Permite que te ayudemos a mejorar tu vida y tus posibilidades, pues estas te pertenecen y lo único que obstruye que se concreten es la carencia de inteligencia y de entrenamiento para dirigir tus pensamientos, acciones y emociones. La imperfección causa problemas y limitantes, en tanto que la perfección genera éxito, evolución y felicidad.

5. Enfócate en objetivos constructivos

- Acostúmbrate a establecer objetivos constructivos para ti, como lo es alcanzar la plenitud que anhelas en tu vida; en tus manos está decidir otorgarle un espacio.
- Proponte avanzar pese a los obstáculos que encuentres; muchas veces, estos no los pone el Universo, sino tus mismos errores de antaño y de pensamiento. Debido a algunas fallas educativas, se te inculca que existen barreras en tu vida y programaciones mentales de índole limitante; por tanto, te resignas a ellas y las aceptas, incluso las invitas a entrar en tu vida. No asumes tu responsabilidad de sortearlas y no buscas cambiar siempre por seguir hacia delante.

6. No aceptes limitantes

- No aceptes las limitantes que otros –o tú mismo– te imponen, tampoco ninguna otra forma de pensamiento destructivo que te coarte. Estos pensamientos son antinaturales, no fueron creados en el plan divino de tu vida. Resultan de las insatisfacciones sociales, los odios, las ideas obsesivas y ridículas que las sociedades imponen para sentirse poderosos y superiores.

- Deshazte de ellas, las ideas limitantes son programaciones mentales desafortunadas aprendidas en una edad muy temprana. Saber y asumir que las sociedades implementan limitantes es una cosa; decidir padecerlas cayendo en la mediocridad y en la infelicidad, es otra muy distinta.
- Aprovecha que tu pensamiento tiene todas las condiciones necesarias para implementarse en acciones exitosas, al atraer todo aquello a que tanto aspiras. Eres tú quien puede elegir aplicar esta inteligencia de pensamiento, así como la inteligencia emocional, en tu vida cotidiana.

7. Guía tu vida con inteligencia emocional

- La existencia es un continuo juego de elección en el que se exploran posibilidades, se especula, se traza un plan y se apuesta por este. De esa forma podrás llevarlo a cabo exitosamente. Eso es la vida y la fórmula resultaría perfecta si no formaras parte de un planeta colmado de emociones y sentimientos. Uno de los planetas más primitivos a pesar de no ser el primero en haber sido creado dentro del vasto sistema planetario que conforma el Universo. Tu planeta es muy complejo porque está regido por emociones y sentimientos, los cuales resultan muy disfuncionales ya que no solo no se les instruye desde pequeños a prestar atención a sus emociones en un marco teórico, sino que se les instruye a ignorarlas.

- De acuerdo con esto, toma en cuenta tus emociones, traza tu plan y, utilizando tu inteligencia emocional, ejecútalo en tiempo y forma. Los resultados serán sorprendentes.

8. Expresa tus necesidades emocionales y de otro tipo

- En vez de interiorizarlas y tragártelas por así corresponder a las "buenas formas sociales", expresa tus necesidades, sobre todo las emocionales.
- Despréndete del aprendizaje de que los sentimientos solo sirven para ser objeto de burla y no de respeto. Olvídate de que te enseñaron a competir en disfuncionalidad, en ignorancia sentimental y mental. Olvídate de que te enseñaron a hacer lo mejor que pudieras pero no con tus herramientas y capacidades bien dirigidas al objetivo.
- Optimiza tus emociones y sácales provecho de modo constructivo. Pese a que la sociedad y las malas experiencias de vida te enseñaron a tomar en cuenta los sentimientos únicamente cuando son acordes con tu forma de vida im-

perfecta, reconoce tus emociones y las necesidades que generan, y exprésalas.

9. Acepta lo que sientes, no te avergüences de ello

- No te avergüences del amor, ese noble sentimiento. Así lo has hecho hasta ahora. Sin embargo, le otorgas protagonismo a tus sentimientos si se trata de odio, intrigas, rabia y traición; entonces te permites dar escándalos indignos de ti. Esto se debe a que, de nuevo, respondes a la bajeza y a sentimientos que reflejan tu ego herido.
- Valora los sentimientos importantes para ti; si lo haces en verdad, puedes pensar calladamente en cómo ofrecer amor, cómo evolucionar, cómo pedir y otorgar perdón de la mejor manera, cómo ayudar a tu prójimo a alcanzar su bienestar. No pienses en decepcionarte más y deja de formar parte de la deplorable mayoría de las sociedades que actúan, sientes y piensan disfuncionalmente.
- Con inteligencia emocional, valora los principios, valora y respeta el amor, decide actuar con bondad, acoger y procurar al extraño como a tu propio ser, proponte ser siempre lo mejor para los demás. Así mejorarás tus relaciones, disminuirán tus enfermedades y tu karma porque sin darte cuenta generarás el dharma necesario

para finiquitar tus cuentas kármicas. Además, abrirás tu corazón que ha sido ignorado durante la mayor parte de tu vida.

- Aceptando tus sentimientos, deja ya de desperdiciar tu preciada existencia que la imperfecta sociedad determinó que debías vivir, lo cual te traería más y más insatisfacciones.

10. Evalúa tu forma de ser y de actuar

- Quizá no hayas sabido construir tu propio paraíso, pero eso no significa que este no exista. Lo que requieres para llegar a ese anhelado lugar es atreverte a evaluar tus sentimientos, tu proceder, tus hábitos, tus pensamientos y tus relaciones.
- Reconócelos y suelta todo lo que has reprimido por años: las emociones, anhelos, odios y recuerdos de traumas y traiciones. Suéltalos porque ellos esconden tus visitas constantes al hospital, tus divorcios o separaciones, tus condenas, tus fracasos, tu falta de libertad, tu falta de aceptación personal, familiar y laboral, y tus carencias sentimentales.

11. Afronta los hechos con dignidad

- Con carácter urgente, enfrenta esta realidad y combátela con la mayor dignidad y honestidad posibles.

- Deja ya de mentirte y de causarte problemas debido a las disfunciones que presentas. Tú eres importante para ti y lo que te ocurra, negativo o positivo, afecta a todo el Universo. De ahí nuestra proximidad con toda la humanidad y con otras tantas razas que moran en diferentes sistemas planetarios lejanos al tuyo.

12. Acepta que eres una extensión de toda forma de vida porque todos son un solo ser

- Vuelve a sonreírle a la vida con amor, dignidad y humildad. Para lograrlo, recuerda que tú, lo mismo que otros seres sobre la Tierra, son una extensión de nosotros y son objeto de nuestro gran amor.
- Vuelve a vivir, a ser exitoso para contigo. Procura que tus acciones te colmen de orgullo por ser dignas, amorosas, piadosas, justas y en constante proceso evolutivo.

13. Renuncia al dolor y ten fe en ti

- No te aferres a los pensamientos relacionados con el dolor. No necesitas más este sentimiento negativo, como tampoco necesitas intrigas, agresiones, humillaciones o actos falsos. No necesitas mirar el dinero ni las posesiones. Libérate de las presiones inútiles.

- Ten fe en ti. Ten fe en la humanidad, en el poderío universal, en Dios; en lugar de temerle o ignorarlo, invítalo a hacerse parte de tus proyectos, tus sueños, tus intereses. Háblale a Él y al Universo como le hablas a quienes se interrelacionan contigo.
- El Universo otorga regalos a cada ser que habita en él y lo conforma. Por eso te exhorto a volver y, de hacerlo, sé bien que no te arrepentirás por las grandezas que llegarán a tu realidad. Esta te pertenece, acéptala en tu vida e incorpórala a tu realidad.

Unas palabras para ti

Anhelo que mis palabras no caigan en el olvido y que sean el pretexto para sanar tu existencia, eliminar relaciones perjudiciales, para dejar de estar atrapado en el pasado y considerar el futuro construyéndolo como realmente lo deseas. Y, si no logras tus objetivos, recuerda que detrás de este aparente fracaso o demora, el Universo está elaborando para ti su propio plan divino, el cual sin duda será extraordinario e ilimitado.

Invita al Universo a actuar en tu vida. Es tiempo de reaccionar ante ti mismo y de no continuar ignorando tus necesidades espirituales para mirar y atender solo las imperfectas, superficiales y monetarias.

Los supuestos bienes materiales no otorgan evolución ni plenitud emocional. Con ellos puedes comprar problemas y atraer relaciones de conveniencia, pero jamás a un ser que te ame por ti mismo; ellos lo que te darán serán las condiciones para satisfacer la ambición de una pronta escalada social. No pierdas lo más significativo por lo que no posee valor alguno, este proceder te causará problemas y calamidades constantes.

Te hemos brindado un cúmulo de información y de senderos posibles para que elijas cómo y cuándo llegar a tu propia evolución. No podemos y no deseamos obligarte a evolucionar si ese no es tu deseo, pero sí estamos para apoyarte incondicionalmente en cada escalón ascendido como en cada caída.

El alto astral anhela verte florecer en amor y en oportunidades, en salud y sin ataduras. Únicamente tú puedes determinar cómo quieres vivir o perecer, porque vivir sin dignidad es igual a perecer sin haber vivido. Nosotros, tus hermanos ascendidos, solo podemos marcarte posibilidades.

Tus decisiones, perfectas o imperfectas, deberán ser acatadas por el astral porque tienes libre albedrío para decidir cómo quieres conducir tu dharma, así como qué karma eliges acumular o no.

Eres tú quien, con base en tus ideas, sentimientos, emociones y actos, creas tu mañana y eliges si este será elevado o si resultará un desperdicio de creación universal.

Tus actos, en caso de no ser adecuados, no te hacen incurrir en falta con nosotros, sino contigo mismo porque tú eres quien está implicado en tus decisiones. Nosotros ya hemos aprendido cada una de las lecciones que ahora afrontas y no podemos vivirlas por ti; desafortunadamente, muy pocos aprenden de lecciones ajenas.

No deseamos mal alguno para ningún ser vivo y si fuese posible purificarlos sin la dureza de las lecciones kármáticas, ya habríamos erradicado el mal de toda la humanidad. Sin embargo, a la evolución se llega con esfuerzo y no por accidente, por elección propia y no por imposición.

La depuración mental y emocional, aplicadas en profundidad y con seriedad, se convierten en herramientas útiles para sanar cualquier enfermedad. Pero en tus pensamientos y en la forma como los desarrolles radica el logro o el fracaso de tus objetivos.

Nadie más es responsable de lo que tienes y lo que no tienes, son tus pensamientos los que conforman tus realidades. Tú atraes las bendiciones o las lecciones, en función de la perfección o imperfección de tus patrones de pensamiento y sentimiento. Todo es una reacción lógica y subsiguiente a lo que te has proporcionado a ti mismo con tus actos y elecciones anteriores.

No busques culpables en el exterior porque tus vivencias son consecuencia de tus aciertos o errores previos, y así también todo irá fluyendo siguiendo su propio rumbo. Todo lo que ocurra en tu vida es reflejo de lo que eres en la intimidad con tu propio ser.

Cada palabra, cada emoción, cada hecho, es una realidad que generas y que volverá a ti cuando tome forma y fuerza. No prestes tanta atención al ayer y sustenta nuevamente tu presente, aproximando así tu futuro.

Construye tu dicha, no tu desdicha, pues con tu voz atraes el amor o el odio. Tus pensamientos o sentimientos se convertirán más adelante en tu realidad. Crea tu grandeza y no tu pobreza, crea amor y no odio.

Para el Universo nada es imposible y todo su poderío está a tu servicio y de cada ser vivo. Si es necesario, cambia tu forma de actuar y de pensar para lograr los resultados que esperas. Proponte ser un creador inteligente para alcanzar el éxito y la plenitud que anhelas.

No te permitas sucumbir ante la ignorancia mental. Pensar en calamidades, odios y desamor, aferrarte a patrones limitantes e imperfectos, te atraerá un regreso de estos dotados de mayor fuerza.

El pensamiento es una fuerza creadora impresionante cuya fuerza, velocidad y poderío aún desconoces. Lo cierto es que si piensas en calamidades, crearás calamidades; si piensas en bondades, crearás y atraerás bondades multiplicadas.

No mires más el dolor ni ninguna otra forma retorcida de escasez asociada al ego. Mira el amor y el bienestar, promuévelos, hónralos y agradécelos. Es el poder de tu pensamiento el que generará tu plenitud o escasez, el que sanará tu existencia y tus emociones, y, de ser aplicado en forma desacertada, hará que los odios aumenten y terminen por minar tus posibilidades y cosechar imperfecciones. Cada palabra, cada emoción, cada hecho es una realidad que generas y que volverá a ti cuando tome forma y fuerza.

No vale la pena odiar a otros; comprende que, al igual que tú, cometen errores y aprenden de ellos, y que nadie te ha hecho daño por nada. El daño que recibas es en justo equilibrio por un daño anterior que causaste en esta o en otras tantas existencias. Además, interpreta todo daño recibido como lo que es: una solicitud imperfecta y equivocada de amor, de atención, un aviso a gritos al mundo de la propia existencia y necesidad de ser importante para otro ser porque tristemente no te has atrevido a ser importante para ti.

Si manejas correctamente el pensamiento y aprendes a depurarlo y aplicarlo únicamente bajo procesos selectivos y constructivos, verás que representa un poder inagotable que te acercará a cualquier proyecto o realidad que imagines.

No es posible cambiar de realidad mientras no domines del todo la manera de cambiar tus patrones de pensamiento, ya que en el Universo todo se relaciona y una cosa es consecuencia natural de la otra. Por tanto, pensamiento y sentimiento son lo mismo; océanos y aire son lo mismo; el astral y el plano físico se asocian y repercuten uno en el otro, porque el Universo es un todo y no un fragmento.

Bajo estos lineamientos es fácil entender que si piensas en deudas vivirás endeudado; si piensas en soledad vivirás envuelto en ella; si piensas en amor vivirás colmado de este bello sentimiento, pero si piensas en posesión serás poseído por otro ser. Cada pensamiento es una elección que expresas al Universo, a la cual este responderá; la localizará en sus confines, la entremezclará con su puro pensamiento y la proyectará hacia ti para regresar con mayor fuerza de la que imaginaste.

Este delicado aspecto debe ser tomado en cuenta por ti antes de volver a actuar. Por supuesto, el Universo no cambiará su perfecto proceder; tú eres quien habrá de liberarse de imperfecciones y sobreponerse a ellas, a tus errores y miserias humanas para volver la vista a la dignidad y la bondad.

Con ellas elevarás tu vida y tus posibilidades. Deja ya de limitarte cuando el Universo jamás ha querido ni pretendido hacerlo. Sé puro y genuino. Vive con inteligencia y no perezcas víctima de un pensamiento ignorante.

Tú eres tu pensamiento y este refleja tus oportunidades o carencia de ellas, tu esperanza o ignorancia, tus virtudes o defectos; con todo eso deberás lidiar, pero no tienes forzosamente que sucumbir ante las imperfecciones propias o ajenas. Deja de prestar importancia a la sociedad, al dinero, y centra tu atención en descubrir en tu interior tus necesidades espirituales, emocionales y mentales para atenderlas atinadamente. Cuando unifiques y eleves estas tres directivas encontrarás la fuerza para comunicarte con grandeza con el Universo; así, este y su poderío permanecerán abiertos para ti.

Demuéstrate qué clase de ser humano puedes llegar a ser, y también qué clase de ser humano eres. El auténtico triunfo radica en dominarte, encarar con valentía tus errores, sanarlos, perdonarlos, cerrar el capítulo y continuar adelante.

La función de los errores es enseñarnos y recordarnos la enseñanza para no volver a sucumbir ante lo mismo. Si no te sientes listo para perdonar, no agraves la situación; es mejor retirarse –aun si esto significa desvincularte del núcleo familiar– que permitir que te destruya tanta imperfección.

En ti está la decisión, aun si engendraste a los peores hijos o eres hijo de los peores padres. Los errores y procesos kármáticos de otros no deben interferir ni disipar tu luz natural, aquella que se encuentra en el alma de cada ser vivo. Ten siempre presente que mereces lo mejor de ti y, en definitiva, no lo peor.

No te despedaces más; por el contrario, céntrate en construir, amar, perdonar, volar con la grandeza de tu alma, que es a lo que más atención debes prestar pues suele ser la más ignorada por ti.

¿Cuántos libros y cuántas palabras más habremos de invertir para que a ti y a todos nuestros hermanos les quede claro este mensaje y puedan implementarlo?

Si por nosotros fuera, nadie se sentiría abatido; no habría miseria, desamor, traición, ofensa ni angustia porque todas esas actitudes son reflejo de la ignorancia que predomina en las sociedades, empresas y familias. Como resultado, los seres humanos se agravian entre sí y despotrican para descargar sus frustraciones, pero esta no es la forma natural de actuar que se planeó desde el alto astral para los seres vivos.

No, hermano, esta no es tu realidad. Dios no te odia porque eres tú quien puede cambiar las cosas con inteligencia mental y emocional, con depuración kármática y la más pura comunión con el Universo. El Universo reside en tu interior, está integrado en tu cadena de ADN. Eres una réplica del Universo en acción con todo su poderío, su sabiduría y su amor.

Tan solo necesitas reconocerlo como parte tuya, asirte a él y exponerlo como elemento indispensable de tu vida natural.

Lucha por tu dignidad y encontrarás a Dios. Lucha con bondad y piedad, y encontrarás el amor. Lucha con ética y generarás grandes oportunidades. No mires el tiempo que tendrá que transcurrir para que esta sea tu realidad, entrégate a ella a ciegas como un bebé se entrega al amor materno.

En la medida en que consigas afrontar con absoluta confianza tu porvenir podrás establecer comunicación con el Universo, y este se encargará de dotarte de grandeza y de sorprenderte gratamente.

Tu organismo responde a tus pensamientos y a tus sentimientos, puesto que es parte del ser que te conforma y que fue creado para su servicio. Tu cuerpo responde naturalmente a tus sentimientos, palabras e intenciones y reacciona a ellas.

Tú eres el poder que te rige y puede depurarte y sanarte, ¿eliges hacerlo o no?

Si decides hacer caso omiso de este conocimiento, al menos no te permitas ser presa de tus imperfecciones, comprende que tú construyes y destruyes con la misma fuerza universal que emite el Universo. Tampoco permitas que tus pensamientos te limiten ni dominen, tú deberás ser quienes los controle y determine usarlos o no, y en qué forma.

Tienes enormes capacidades internas para hacer grandes cosas, no las desperdicies lamentándote de calamidades aparentes que no son útiles para ti. Tampoco lo son las rabietas descontroladas ni las lamentaciones sobre la lluvia, la escasez de empleos, la falta de una relación o las limitantes económicas. Estas existen porque tú así lo has decretado repitiendo frases negativas como "no poseo, no puedo, no lo lograré, tengo miedo, no tengo salud, no tengo oportunidades, estoy aferrado a esta situación, mis problemas nunca terminarán".

Las frases como estas reflejan tu desconocimiento de la manera de proceder del Universo y tu ignorancia evolutiva, ya que son antinaturales para tu ser. Dios no crea en imperfección, el Universo no actúa bajo limitación alguna. Entonces, para lograr depurarte liberándote de toda limitante, deberás volver a tu origen.

Recomendaciones para depurarte volviendo a tu origen

¿Cómo lo lograré?, preguntarás. Aceptando la siguiente realidad:

- Tú no eres imperfecto y respondes ante las naturales formas de proceder. Es decir, tus capacidades están en perfecta sintonía con el proceder del Universo que depara grandeza para ti y para todos los seres, aunque ustedes, mediante sus disfuncionalidades, pierden valiosas posibilidades de alcanzar la consagración que anhelan.
- A ti te corresponde transformar tu vida y tus pensamientos. No hay problema que sea insuperable si trabajas constructivamente contigo mismo.

- Tú eres la fuerza motora, la creación misma que debe ser puesta en marcha para solucionar y no causar más problemáticas.
- Cada vez que dices “no es posible”, “no puedo” o “no tengo”, das la orden al Universo de no permitir que lo que deseas en realidad llegue a ti.
- Al decretar expresas ante el Universo tu voluntad, positiva y constructiva o negativa y restrictiva. El Universo no tiene poder alguno para decidir por ti lo que deseas, únicamente responde a las solicitudes que expresas vía tus pensamientos, sin editar si te convienen o no.
- Para esas elecciones naturales se supone que tú –como cada ser humano– cuentas con capacidad cerebral para dirigir tus pensamientos a donde desees. Entonces, elige qué deseas hacer y qué no deseas hacer con ellos. Después de todo, son los que hablan de quién eres y de si tu visión de ti mismo es creativa y expansiva o errada y limitante.
- Háblale al Universo bajo sus mismos fundamentos para multiplicar su poderío. Marca el rumbo hacia el que te diriges y la forma como quieres construir esa realidad.
- Planifica tu vida y tus posibilidades desde el poder creador de tu mente, porque si aprendes a dirigirla constructivamente, te liberarás de toda restricción. Y tu mente comenzará a

trabajar constructivamente para alcanzar tus sueños y proyectos.

- Tú mereces alcanzar esos sueños y erigirte un futuro feliz y exitoso, esto es parte de los derechos divinos de cada ser humano.
- Tú mereces bondades y requieres una planificación más inteligente de tu tiempo y tus posibilidades.
- Cultiva pensamientos inteligentes pues son los que necesitas, y en ellos se encuentra la clave de tu éxito y tu progreso.
- Vuelve a centrarte en tu ser y abre tu intelecto a la capacidad de comprensión del pensamiento. ¿Cómo debe ser este para lograr los resultados deseados?:
    - Creativo
    - Expansivo
    - Justo
    - Mediador
    - Constante
- Trabaja en estos fundamentos, restáuralos para que comiencen a funcionar de modo constructivo y constante. Procura que tu mente no sea cuadrada ni limitante, pues así para nada sirve. Las limitaciones te destruyen y absorben un espacio de tu cerebro que podrías utilizar para alcanzar tu plenitud, para cultivarte,

evolucionar, y crear así las posibilidades que deseas.

- Los pensamientos son armas muy potentes. Úsalos positivamente para obtener lo mejor con ellos. Hazlo continuamente porque no lograrás dirigirlos hacia un objetivo y obtener resultados positivos en un día. Los cambios toman tiempo para aplicarse correctamente. Considera que llevas 20, 30 o 60 años pensando erradamente y es mucho tiempo para intentar eliminar todos estos bloqueos en un instante.
- No resolverás las dificultades por pura magia, sino comprometiéndote a cambiar tu forma de dirigir tus pensamientos, eligiendo cuáles habrás de desechar de inmediato y cuáles sustentar.
- Aprovecha cada instante para comenzar a tener mayor control sobre tus patrones mentales: ¿qué pienso, quién soy, qué anhelo, qué acciones emprendo para lograr resultados?
- Plantéate las siguientes preguntas:
    - ¿Qué tengo que hacer para cambiar mi realidad?
    - ¿Qué relaciones debo depurar y agradecer por el tiempo compartido y dejarlas salir de mi vida?
    - ¿Cómo quiero que sea el mapa de mi realidad?

  - ¿Qué pensamientos e ideas míos son equivocados?
  - ¿Cómo puedo y debo mejorar mi vida?

  Y, nuevamente, respóndete con total honestidad y humildad. Si intentas engañarte jamás lograrás sanar las situaciones ni mucho menos salir del hoyo en el que te has introducido con tu forma de ser, de sentir y de pensar.

- No te faltes al respeto de ese modo, comprende que para evolucionar es necesario que renuncies a una buena parte de lo que has sido hasta ahora en pensamiento, en sentimiento, en forma de ser. Pero también deberás renunciar a quienes resulten nocivos en tu vida, es decir a toda relación humana tóxica.
- Es natural que en ocasiones te involucres, por desconocimiento de causa, con seres tóxicos, disfuncionales y destructivos. Es imposible que no te topes con ellos cuando tu planeta está compuesto por muchas más almas jóvenes y poco evolucionadas que aquellas ya muy evolucionadas. Sin embargo, tú puedes cambiar las cosas y encontrar un modo de proceder constructivo y congruente.
- Para ser congruente con tus pensamientos, sentimientos y anhelos, unifica estos y tu forma de proceder, pero renuncia a todas las trabas, bien se trate de situaciones, oficios, familia, amistades o relaciones sentimentales.

- Ante tanta imperfección, te queda renunciar a ser quien eres o renunciar a aceptar ataduras e imperfecciones por las cuales tanto han padecido. Nosotros no podemos purificar tu existencia ni crear oportunidades para ti si no estás dispuesto a creer en ellas. La depuración cíclica es vital para abrir puertas a una situación más armoniosa y así impulsarte a conquistar nuevos retos cuando estés listo para afrontarlos.
- Toma en cuenta que aferrarte a la supuesta comodidad que representan las situaciones tal cual están, aunque sean imperfectas y tú lo sepas, te causará dolor, angustia y autodestrucción. Y eso no es lo que mereces, sino la plenitud, la abundancia y las oportunidades.
- Atrévete a disfrutar tu existencia aunque ello suponga renunciar a tus relaciones y entornos actuales. Tarde o temprano todo cambiará y no puedes impedir el cambio porque este forma parte del desplazamiento del Universo. La evolución del Universo es infinita y tú formas parte de él, te guste o no. Por tanto, irremediablemente tú evolucionarás y cambiarás con él. Aferrarte a las cosas, personas o situaciones te causará muchos problemas y dolor, porque este proceder es contrario a tus necesidades evolutivas y a tu naturaleza.
- La vida es una continua depuración. Acepta con entusiasmo que cambie con el paso del

tiempo y trabaja con determinación para que tus pensamientos ayuden a impulsar los cambios en perfección.

- Sé el principal impulsor de tu futuro y genera las condiciones idóneas para que tu vida alcance la plenitud que por derecho divino te corresponde como ser humano.
- Aprende a proyectarte aun por encima de los problemas y de la escasez que pueda existir en algún aspecto asociado con tu vida, mental, material o emocional. Así, si consigues dirigir tus pensamientos de modo constructivo, no volverás a ser víctima de la ignorancia y limitantes mentales. Sabrás cómo dominarlas y tu sendero se presentará más luminoso y positivo.
- Utiliza las herramientas que el Universo te proporciona y no te dejes derrotar por ellas por el simple hecho de no saber emplearlas.
- Tu existencia presente con esta identidad que hoy tienes es muy corta. Por consiguiente, aprovecha cada segundo con total entrega, honestidad y alegría, y nunca más te dejes abatir por imperfecciones. Estas solo deberán poner a prueba tu carácter, tu fortaleza espiritual y tu inteligencia; tú eres superior a ellas.
- No te centres en pensar interminablemente en lo que está mal. Dedica tu atención a todo lo que está bien, todo lo que mereces, deseas y puedes alcanzar, ya que esto conforma tu realidad, más allá de las problemáticas aparentes.

Capítulo 6

LA DEPURACIÓN FÍSICA

La depuración física

La depuración física es imprescindible para tu evolución y aquí la abordaremos en forma clara, por medio de recomendaciones sencillas y fáciles de poner en práctica.

Recomendaciones

1. Otorga amor a todo ser

Brindar amor en todo momento a todo ser, te ayuda a mantener la juventud de tu piel y de tus células, te ayuda a activar el cerebro y a mejorar el desempeño de tu sistema inmunológico.

Además, prolonga la salud de tu músculo principal: el corazón.

2. Respira profundamente

Con la respiración profunda le permites a tu cuerpo recibir mayor oxígeno, el cual te ayudará a tener mejor claridad de pensamiento y, por tanto, a funcionar mejor.

3. Exhala lentamente

Al exhalar con lentitud permites a tu organismo eliminar una mayor cantidad de toxinas, lo cual, a su vez, ayuda a que bajen tus niveles de estrés.

4. Bebe agua pura con regularidad

Esta costumbre permite mejorar tu sistema digestivo; te ayuda a perder peso; limpia tu piel reduciendo problemas de espinillas y barros causados por grasa en tu piel, y contribuye a mantener en buen funcionamiento tu hígado ya que el agua limpia otros órganos del cuerpo, no solo el estómago.

5. Evita dormirte enojado

Al dormir estando enojado te conectas con energías del bajo astral, las cuales causan grandes problemas. Al conectarte con ellas, les permites instalarse en tu mente para desde allí generarte bloqueos y dificultades.

6. Utiliza sedantes naturales para dormir mejor

Para dormir mejor coloca debajo de tu almohada un cristal de amatista. Este actúa como sedante natural y mejora la profundidad y la duración del sueño. Si duermes bien, tu nivel de estrés bajará y tu nivel de tolerancia a las frustraciones cotidianas aumentará.

7. Consume frutas y verduras con regularidad

Las frutas y verduras crudas ofrecen vitaminas que tu cuerpo necesita para producir energía, mejorar la vista, evitar y controlar estados de ansiedad. Al consumir frutas y verduras, reduces la ingesta de carbohidratos, que en gran medida son los responsables del aumento de peso.

8. Piensa antes de hablar

Si no tienes nada bueno que expresar sobre una persona o situación, mejor guarda silencio. Esto te evitará enfrentar después situaciones complejas que podrían producirte estrés.

9. Aproxímate a la naturaleza

Si no puedes manejar tu depresión, angustia o sentimiento de abandono, necesitas una terapia. Si no te agrada acudir a terapeutas o psicólogos, busca la ayuda de un gran árbol, siéntate al pie suyo, recarga tu espalda firmemente sobre su tronco, cierra los ojos y telepáticamente compártele tu problema. Respira profundamente y cuando te encuentres relajado por completo, podrás sentir que el árbol te abraza, te transmite su energía y te otorga todo el amor que requieres para salir adelante. Cuando te sientas mejor, no olvides ofrecerle unas palabras de amor y darle las gracias antes de alejarte de él.

10. Acaricia a un animal doméstico

Al acariciar durante 15 o 20 minutos cada día a un animal doméstico le entregarás amor, lo cual mejora el rendimiento de su sistema inmunológico. A ti también te ayudará a reducir tus altos niveles de estrés y te beneficiará pues con esta simple acción podrás evitar posteriores problemas cutáneos por estrés, como dermatitis nerviosa, erupciones cutáneas o enrojecimiento de la piel.

11. Evita el consumo de bebidas estimulantes

Consumir este tipo de bebidas empeora tus niveles de estrés y ayuda a que tu cuerpo desarrolle un ambiente ácido, lo cual, a la larga, puede producir cáncer.

12. Opta por una alimentación vegetariana

Tu organismo puede alimentarse bien y recibir los nutrientes que requiere sin necesidad de consumir carne. Con este régimen protegerás y prolongarás la salud de tu cuerpo físico, ya que la carne que proviene de los animales está muy contaminada de hormonas de crecimiento, de estrés, de toxinas que el animal produce cuando se siente amenazado y del dolor físico del momento en el que pierde la vida cruelmente.

También evitarás el asesinato injustificado de miles de seres vivos.

13. Organiza tu tiempo

Acostúmbrate a no salir tarde para tus compromisos, así evitarás perder tu tiempo y pasar horas de estrés atrapado en el tránsito. Es preferible que organices tu horario para llegar con anticipación a tu destino y el tiempo que te sobre podrás utilizarlo para practicar algún deporte o un pasatiempo.

CÓMO REGRESAR AL ORIGEN DIVINO

Tu origen es divino, cósmico y astral, eres un ser del astral que aprendes en una simple existencia terrenal.

No consideres que el plano físico es más importante que las necesidades de tu alma. Ellas son el resultado de tus elecciones y del mal o buen uso de tus capacidades. Vuelve a ellas para evaluar la asertividad o disfuncionalidad de tus acciones.

Tú das forma a tu realidad, la cual te corresponde a ti y no a los demás. Por tanto, lo que hagas o dejes de hacer es consecuencia de tus poderes mentales.

Sin embargo, también posees un alma completamente evolucionada en algún recóndito lugar de tu ser. Esta alma callada e ignorada es lo más preciado que tienes, lo único que en realidad te pertenece y que seguirá contigo siempre, desde el plano astral hasta el físico y desde el físico de vuelta hasta el astral.

Recomendaciones

Dado lo anterior, estas son nuestras recomendaciones para ti:

- Considera que las relaciones destructivas y denigrantes no te darán felicidad y tu ingenuidad, aunada a tu ego, te llevará a creer erróneamente que en ti existe el tónico milagroso que logra con amor cambiar a un cobarde en un valiente, a un miserable en un ser elevado. Evita hacerlo, pues esto nunca terminará bien sino que se desarrollará de menos a más hasta convertirse en una situación funesta y un infierno constante.
- Esfuérzate por cambiar para liberarte de todo ser que te lastime. No soportes insultos, golpes, traiciones ni chantajes. No tienes necesidad de ceder ante las imperfecciones de otro ser que no ha sabido construir su existencia de modo constructivo.
- Comprende que el amor no es una distorsión. Alguien que te ama no actúa con bajezas ni mentiras, mucho menos intenta someterte a

sus deseos o te trata con palabras lascivas y disonantes.

- Aun si las agresiones provienen de alguien a quien amas sinceramente y respetas (madre, padre, abuelos, hermanos, tíos, primos, hijos o tu pareja), si él o ella no comparte el respeto y la dignidad de tu trato, atrévete a poner punto final a esa relación que no te brinda amor, dignidad ni tolerancia y más bien es de victimario-víctima, todo un círculo vicioso.
- Tú eres quien no debe permitir que te falten, te agredan, te golpeen o te denigren.
- Reafirma tu autoestima, tu valía y entrégate a la dignidad y al amor en perfección. Este amor sí es funcional.
- No permitas que las cosas sigan en un estado de imperfección. Insisto, si cultivas calamidades cosecharás lágrimas, soledad y desolación, incluso maltrato físico y verbal. Una persona que lacera, humilla, golpea, traiciona y desquita el odio que siente contra sí mismo causará grandes estragos en todo ser que se asocie o relacione con ella. Evítala.

Capítulo 7

Los espíritus del Universo te hablan

Los espíritus del Universo te hablan

El Universo está colmado de vida y en toda dimensión se forjan, por así decirlo, ecosistemas energéticos repletos también de vida, así como de información arcaica y moderna, futurista y actual. Tú puedes disponer de este cúmulo de información.

Estos seres que están asociados contigo por conformar parte del mismo Universo pese a encontrarse en dimensiones diferentes, razonan y poseen inteligencia y sentimientos propios. No cuentan con una representación física y, sin embargo, intentan comunicarse contigo y tus congéneres continuamente, con el ánimo de ayudarles e instruirles si se trata de seres del alto astral, y de molestarles si se tratase de seres del bajo astral.

Ciertamente, tú tienes las capacidades necesarias para comunicarte con el astral, pero si sientes temor de él, esta apertura terminará por bloquearse y evitar todo contacto con ese plano. El temor es tu mayor impedimento para comunicarte con el mundo astral, el cual te ofrece soluciones para mejorar tu vida, sanación espiritual y emocional, y soluciones para sus problemáticas constantes. Por lo general, esta comunicación busca prevenirte de malas decisiones o dificultades que puedas padecer si optas por tomar o no una acción determinada. Busca instaurarse como respuesta a una interrogante o a un peligro inminente y ayudarte a salir adelante sin sufrir daño.

Recomendaciones para tu comunicación con el astral

- Tú decides cuándo aceptar esta comunicación y cuándo es mejor no entablar contacto. Para tu seguridad, evita el contacto:
    - A través de sesiones espiritistas
    - A través del uso de la ouija
    - Mediante conjuros o hechizos
    - Con seres que se presentan en la madrugada
    - Con seres asociados a olores de azufre o nauseabundos
- Si bien en su mayoría los habitantes del astral son seres de luz, por desgracia también existen en el bajo astral muchas almas perdidas de la luz que se proponen hacer el mal. Por tanto, intenta unificarte con la luz y esta unificación será tu mejor protector cuando debas trabajar directamente con seres del astral, si es que esta es tu decisión.

- No obstante, recuerda que no puedes manejar a los seres del astral y entrar en contacto con una entidad que mora en este mundo siempre puede suponer un riesgo. Acepta que estos seres son más poderosos que tú y, si te toparas con un ser del bajo astral, este es capaz de causarte graves problemas que difícilmente podrías afrontar.
- No tomes el contacto con el mundo astral a la ligera, aquí no existen cosas que sean controlables por un ser humano. Hay capacidades, información y desplazamientos energéticos que podrían afectarte en los aspectos anímico, físico, emocional y mental, debilitando o anulado tus posibilidades.
- No te abras a todo el astral sin antes saber qué terreno pisas, no hables con estos seres mientras no conozcas su vibración y sus intenciones para contigo. Los seres de luz suelen presentarse en pleno día y en lugares armónicos de alta vibración. Los del bajo astral buscan lugares oscuros de baja temperatura; donde se hayan gestado tragedias, depresiones prolongadas o situaciones muy turbias; intentarán impresionarte demostrando poderes sobrenaturales y disfrazándose de falsos mesías. Inician el contacto en la madrugada cuando el bajo astral está abierto en la misma alineación que el plano físico; estos seres son pestilentes y, tras ganarse tu confianza, te pedirán que, a cambio

de sus favores, les hagas algún regalo: ofrendas satánicas, asesinatos y otros tipos de peticiones que te alejen de la luz y te hagan sucumbir ante ellos. Es fácil reconocerlos porque:

- Hablan de forma abusiva, con frases que denotan órdenes, y se expresan con malas palabras
- La temperatura baja repentinamente cuando se presentan
- Intentan impresionarte con actos y apariciones como las efectuadas por grandes magos
- Te ofrecen su ayuda incondicional a cambio de algún favor
- Te imponen cuotas
- No te dejan dormir
- Te alejan de tus seres queridos
- Te amenazan
- Hacen ruido, desplazan objetos y hacen volar objetos en tu hogar para inducirte al pánico
- Intentan dominarte y causarte terror para tenerte sometido
- Te manipularán y podrían atraparte aunque no vivan en tu mismo plano.

- Por lo anterior, jamás respondas a voces que te hablen en la madrugada y si lo hacen, bendícelos y envíales luz para que se alejen.
- No respondas a sus amenazas y a su chantaje pues vivirías siendo su presa. La mejor manera de alejarlos de tu existencia es elevar tus vibraciones, pensamientos, sentimientos y acciones; cuanto más altas sean, más te protegerán de todo mal y energía residual.
- Sin temor, entabla contacto con un ser de luz pues este:
    - No te solicitará favores a cambio de una ayuda ofrecida desde el alto astral
    - No te ofenderá
    - No te hará sentirte indigno ni menospreciado
    - No se presentará en la madrugada
    - No hará nada que pueda asustarte o alterarte porque los seres de luz solo queremos tu bienestar en perfección universal
- No dejes que impostores del bajo astral te confundan, ya que tú y tus familiares podrían resultar muy afectados, tal vez incluso verse obligados a huir de su casa o departamento, ya que con sus malas vibraciones podrían reclamar ese espacio como propio aunque no hayan pagado por él.

- Quizá tiendas a minimizar esta alerta, pero es real: no invites a tu existencia a ningún ser del cual desconozcas sus antecedentes vibratorios y kármáticos; darle cabida a un ser astral o físico colmado de maldad que intenta solo sacar provecho manipulando a los demás te costará muy caro.
- No te hagas un mal, averigua antes de aceptar la supuesta ayuda de seres que no son capaces de ayudarte y que, por el contrario, te acarrearán problemas. Por ejemplo, un ser astral que te ofrezca la vida eterna te estará estafando y desorientando porque eso no es posible. Desconfía de quien te ofrezca con artimañas sanarte de enfermedades incurables manejando supuestamente la energía; se trata de un charlatán que pretende embaucarte. Siempre habrá charlatanes como estos, físicos o astrales, que intentarán crear dependencia de tu parte cuando no está en sus manos sanarte.
- Pseudomédicos y charlatanes existen en todos lados. Acude con un médico formal que tenga las credenciales pertinentes y, antes de aceptar su tratamiento, confirma con el colegio de profesionales médicos si su cédula profesional existe y si corresponde a la persona que dice ser. Grandes eminencias se esfuerzan por encontrar la cura a ciertas enfermedades y a eso entregan su vida entera, pero por cada ser que se entrega con nobleza a su profesión, hay más

de cien mil charlatanes que buscarán impresionarte con falsos logros para así apoderarse de tu voluntad, tu dinero y tus posibilidades.

- Sé más inteligente que aquel que cual zorro se presenta intentando robar el queso ajeno al decirte lo que por desesperación esperas escuchar. Si anhelas un milagro o extensión de vida, solicítalo a la fuente, es decir a Dios, al Universo. Trabaja constantemente programando tus pensamientos; poniendo en orden tus cuentas kármicas; programando para la perfecta salud a todas tus células, órganos y cadena de ADN; cambiando a una alimentación más sana basada en frutas, verduras crudas y cereales, y eliminando los alimentos ácidos. Tu organismo requiere solo de dietas alcalinas, pero estas no serás suficientes si no has sanado tus sentimientos, acciones y pensamientos.
- Toma las enfermedades como lecciones por aprender y con las cuales deberás depurar todo recuerdo traumático, odio, agresión o rencor que tengas rezagados. Esos sentimientos imperfectos terminarán por enfermar tu cuerpo.
- No alimentes a tu organismos con venenos como la comida chatarra o dietas ácidas, como los sentimientos y pensamientos lascivos. Recuerda que tu ser se nutre tanto del alimento físico como de tus sentimientos y pensamientos. Por tanto, para lograr prolongar tu vida o sanar cualquier enfermedad, la clave es la

depuración de hábitos física, mental y emocional. Afróntala con constancia y seriedad.

- Desafortunadamente, los mismos seres tóxicos que existen en el bajo astral se encuentran en el plano físico. Aprende a sobrellevarlos sin que tu forma de ser resulte afectada. Permanece inmaculado en lo espiritual, lo emocional y lo mental.
- Aléjate de chantajistas que intentan obligarte a hacer cosas que no te benefician; no te dejes atrapar por sectas, no permitas que otros abusen de tu confianza y te obliguen a hacer algo en contra de tu voluntad.
- No vivas sometido por las imposiciones, juicios, críticas o suposiciones de terceros sobre tus asuntos, tus relaciones, tus capacidades, tus fortalezas o debilidades. Es absurdo que prestes atención a todos, no valen la pena.
- No te denigres más, hermano mío. Más bien, imagina en qué mundo quieres vivir, con qué personas quieres construir una relación sana. Pide perdón y concede el perdón para así volver a la cálida luz que el Universo posee y regala a cada ser porque en ella están las respuestas a sus interrogantes vitales.
- Sé bendecido y bendice siempre, sé amoroso y pleno, divino y justo, un ser que permite que la luz toque su existencia. Aprovecha las oportunidades con las que el Universo te hace saber

que te ama te y protege, que depura en los momentos de catarsis tus estructuras que no tienen más cabida en ti. El Universo es tuyo, tú eres parte de él; proponte que esta conjunción vuelva a ser perfecta como se planificó desde el origen divino.

- Recuerda que tú y tus congéneres son seres astrales que aprenden de una experiencia física, no son seres físicos sin relación con el plano astral. Pero hasta para transitar por el astral hace falta saber con quién se puede o no se puede hacerlo.
- No te dejes engañar por los seres del bajo astral si pretenden contaminarte de odio e inyectar tu vida de miseria que acarreará futuros problemas. La maldad para ser erradicada primero debe dejar de considerarse y si le otorgas menos fuerza mental con tus pensamientos, verás que esta realidad que te representa comienza a sanar y a ser correctamente depurada.
- Si miras películas de terror, distorsionas realidades y le restas importancia a actos criminales y violentos considerando que todo ser va a morir de todos modos, no lograrás salir adelante ni erradicar la maldad de tu vida. Más bien, la harás crecer en la mente de los jóvenes que tendrán un futuro más miserable, cruel y devastador.
- No pagues con males los bienes recibidos, no pagues con intrigas ayudas desinteresadas,

no manipules las situaciones ni seas rastrero, pues por todo esto deberás saldar un monto kármico.

- Por el contrario, agradece todas las bondades y valóralas. Al interactuar con las demás personas, hazlo con valor, amor, humildad, inteligencia y honestidad.
- Impregna tu vida de honestidad y jamás te faltes ni le faltes a alguien que te haya brindado ayuda desinteresada; no seas tóxico ni hipócrita para con los demás, pues estas conductas darán como resultado problemas posteriores de los cuales tendrás que salir airoso.
- No sigas lacerándote y decepcionándote. Construye el cambio que deseas para tu vida y tus relaciones, considerando que este deberá ser a profundidad, es decir primero deberás depurar todo lo que no sirve y no conduce a nada bueno.

Capítulo 8

HABLÁNDOLE A TU ORGANISMO

Hablándole a tu organismo

A medida que creces, aceptas de modo consciente que tu organismo y tu cuerpo físico te pertenecen, pero, en forma equivocada, a la vez consideras que no tienes control ni comunicación con ese cuerpo, mucho menos con tu organismo.

Esta desatinada relación te hace sentirte impotente cuando surgen enfermedades o malestares pues no sabes cómo atacarlos. Entras en pánico y en esa ignorancia piensas que la única solución posible es atiborrarte de medicamentos y gastar fortunas en hospitales y consultas médicas.

Ante todo, ten calma. Antes de entrar en estado de alarma hay que evaluar la situación: ¿de verdad es tan grave como para acudir a una consulta urgente o a un hospital e invertir un enorme capital en cuentas que superan por mucho un salario medio de un mes?

Tu organismo es parte tuya y muchas veces busca detonar alarmas de forma preventiva para evitar enfermedades o padecimientos de gravedad, los cuales sí requieren atención médica. Sin embargo, en su mayoría denotan solo estados de estrés, ansiedad, ira, depresión y angustia. Puesto que tu organismo, incluido tu cerebro, y tus emociones están conectados, muchas veces estos detonantes causan sobresalto extremo, cuando en realidad constituyen una respuesta inmediata a contaminación tóxica por estrés, odio, depresión, angustia y desamor.

Siendo así, estos síntomas terminarán cuando te hayas permitido terminar con el objeto que los causó; es decir, cuando cesen tu enojo y tus expresiones de odio, cuando dejes atrás la depresión, la angustia o la indignación.

Al hacerlo verás que tu vida mejora, que eres más capaz de lidiar y recuperarte de las afectaciones diarias derivadas de los problemas que te aquejan.

Cada vez que ignores a tu organismo y a estas señales, se profundizará la situación detonante. Sin embargo, si logras controlar tales desequilibrios emocionales e impides que surjan, mejorará tu padecimiento y te desharás pronto del dolor, ya que su origen no era físico sino emocional, aunado a un patrón mental equivocado.

Programa tu presente y tu futuro

Tú puedes programar tu presente y tu futuro; como he dicho, es tu derecho. Sin embargo, también es tu posibilidad y tu derecho, si así lo deseas, programar tu organismo para lograr los siguientes puntos, entre muchos otros:

- Rejuvenecer
- Prolongar la salud
- Deshacerte de enfermedades
- Aclarar la piel
- Adelgazar
- Aclarar manchas y pecas
- Disminuir el cansancio
- Eliminar ideas limitantes
- Eliminar miedos
- Eliminar infecciones
- Eliminar odios
- Purificar el hígado
- Purificar los riñones
- Purificar la sangre
- Disminuir un tumor
- Combatir virus y parásitos
- Cambiar patrones de sueño
- Combatir el acné
- Combatir la sobreproducción de grasa facial
- Despertar temprano
- Disminuir mareos
- Disminuir migrañas

- Disminuir crisis de angustia
- Disminuir los efectos de la menopausia
- Disminuir los efectos de la menstruación
- Terminar o instaurar sentimientos en tu ser
- Hacer crecer uñas y cabello
- Facilitar la digestión
- Eliminar una mayor cantidad de toxinas
- Terminar con dolores musculares
- Mejorar la vista
- Mejorar la oxigenación del cerebro
- Eliminar taquicardias

Prácticamente, es posible programar y desprogramar tu organismo para casi todo porque tus células son inteligentes y esta inteligencia, no estudiada aún por la ciencia, les informa qué hacer y cómo reaccionar ante enfermedades, depresiones, parásitos, ansiedades, y mucho más.

Si son inteligentes por sí mismas, imagina todo lo que podrían hacer si tu cerebro las programa porque tú eres el comandante consciente de ellas. No obstante, se encuentran inactivas esperando su muerte porque tú no te atreves a usarlas.

Dios te ha dotado de tantas herramientas evolutivas para sanar y alcanzar tus objetivos que me sorprende que hoy todavía haya personas que se consideran amenazadas, inexistentes y olvidadas por el Universo.

Atrévete a volver a ti, atrévete a diseñar tu futuro, a seguir tus prioridades y a culminar tus éxitos. Considera las inmensas posibilidades de las que podrás disponer si te habitúas a hablarle a tu ADN con amor y expresar cómo quieres despertar, cómo quieres hacer tu dieta y qué respuestas esperas de tu cuerpo. Considera decirle a tu organismo que necesitas bajar cinco kilos, minimizar el dolor emocional, hacerte una limpieza de cutis, aclarar tu cabello o afinar tus facciones.

Quizá te parezca esto una historia de ciencia ficción, pero hacerlo es absolutamente posible. Ahora bien, aplicar esto en la realidad es responsabilidad tuya.

Háblale a tu organismo y organiza las programaciones que quieras para combatir defectos, infecciones, malestares y excesos que hayan provocado enfermedades. Tú puedes y debes regir a tu organismo y no este a ti, basta una orden tuya para que reaccione. Él está para prestarte un servicio perfecto y es derecho tuyo exigirle que cumpla plenamente la función para la cual fue creado: mantener tu salud. Haz equipo con él y depúrate.

Decide qué puntos son tu prioridad para empezar a programarlos y cuánto tiempo le dedicarás al proceso. Para lograr tus objetivos aprende a trabajar con tu mente, tus emociones y tus acciones.

Tu organismo responderá a toda acción, pensamiento o palabra tuya. Si eres hipocondriaco, serás tú el responsable por convertir enfermedades inexistentes en padecimientos reales. Y, a la inversa, si programas tu organismo para que no desarrolle una enfermedad aun si esta ya se encuentra en su organismo, no necesariamente se manifestará.

Aprovecha a tu favor tu intelecto, háblale a tus células, a tu sistema respiratorio, a tu ADN, a tu cerebro, a tu sistema inmunológico. Reacciona a ellos, no te quedes sin actuar al respecto.

Evalúa y valora tu vida

La existencia es un juego de logística donde quien aprende a evaluar sus posibilidades y a soltar sus imperfecciones y su ego es el que goza de mayores posibilidades de alcanzar la plenitud.

Con una actitud de humildad inteligente podrás implementar nuevas reglas de vida, de conducta, de pensamientos y sentimientos para así reencontrar el sendero ideal hacia la felicidad. La felicidad, la salud, el bienestar y la abundancia son propias de todos y no solo de unos cuantos. Lo cierto es que son pocos los que se ocupan de trabajar en desarrollar sus habilidades mentales, emocionales y espirituales. Los demás las ocupan exclusivamente en lamentarse de lo que no poseen.

Si tú eliges mirar la escasez, la padecerás mientras esta ocupe todos tus pensamientos o, al menos, la mayor parte de ellos. Aprende a darte lo que mereces de tu parte.

Este aprendizaje debe ser benevolente contigo porque tras años de errar el sendero difícilmente lograrás los resultados esperados de un día a otro.

Si esperas valorar tu vida y exigir reconocimiento a su valor, primero deberás valorarte tú mismo y valorar y respetar la vida y la integridad de todo ser vivo, pese a no conocerlo o a que no forme parte de tus allegados.

Al emprender cambios de elevación vibratoria de forma continua en tu vida, en un primer momento parecerá que todo ha empeorado. De hecho, momentáneamente así ocurrirá, ya que toda la contaminación energética que estaba atrapada en la situación y en tu alma causando bloqueos y dolor, deberá salir a la superficie para poder comenzar a ser sanada. Entonces seguramente te frustrarás y me maldecirás considerando que te he mentido, renegarás de tus capacidades en perfección; pero, pese a los reclamos, ofensas, inseguridades y titubeos, continúa por este sendero que honra el amor y la inteligencia porque son los que te conducirán al éxito.

El éxito, como todo, es consecuencia de las acciones anteriores, y en ellas habrás de fluir aun en contra de tus recuerdos, de la sociedad y de tus características.

Sigue adelante, mira al sol y descubre en tu existencia la misma integridad que este posee. El sol radica en tu interior y es cálido y acogedor; sin embargo, tendrás que ayudarle a salir cada mañana con tu mirada, tus reacciones, tus palabras y tus emociones, que son aquellas que fomentan la luz de tu alma.

Tú no has querido darte cuenta de la grandeza que existe en ti, porque es mas fácil vivir en la cobardía que busca culpables ajenos, que atreverte a reconocer que el peor villano en tu existir habita en tu interior.

Todo ser vivo posee un espacio de luz y un espacio de oscuridad. Este mismo fenómeno se expresa cada día en el Universo a través de las caras del sol y de la luna. Tú eres también oscuridad y claridad a la vez, y esta realidad te ayudará a perdonar los errores ajenos. A fin de cuentas, tú mismo has cometido muchos y estos han repercutido en la vida ajena.

Aun con estas imperfecciones, te han amado, te han perdonado y escuchado. Ahora que comprendas la simpleza de tus actos, reacciones constructivamente y otorgues espacio para conceder el perdón y escuchar con el corazón, bríndale a los demás todas las bondades que has recibido de los demás a lo largo de tu vida presente y recuerda que en el ayer lejano, asociado con experiencias anteriores de vida, también has sido amado, perdonado y escuchado.

De tal forma, la tolerancia empieza por ti, por entender que los errores que hoy juzgas son aquellos que ayer cometiste y que mañana podrías volver a cometer si no aprendes la lección de vida que se te presenta.

Antes de emitir juicios, asegúrate de que tus palabras sean auténticas y si no deseas afrontar más problemas, empieza a implementar el silencio como fórmula de no agresión.

La fórmula de no agresión

Esta fórmula ayuda a mediar el temperamento y te aconsejo que la apliques empezando con infantes porque estos tendrán la facilidad de mirar el reflejo de sus resultados positivos muy pronto.

Con esta fórmula aprendes a no reaccionar ante agresiones externas; aprenderás a desconectarte de ellas, a erradicar de ellas el poder que la ira, el enojo o la indignidad les otorgan.

Este es el primer paso para sanar odios y estallidos de agresión, cada día más constantes por la acumulación de estrés con la cual vives. Cuando respondes a una agresión, pones en marcha la fuerza necesaria para destruir tu futuro.

La agresión es un ejemplo de una energía utilizada destructivamente, pero representa una fuerza incontrolable una vez que ha sido puesta en movimiento. Llega al fondo y cada instante, conforme se recarga con su propia esencia, se torna más poderosa y más veloz.

Esa furia que irradias cuando sientes odio, cólera, indignación, estrés o ira por haber sido ofendido, esa energía que se escapa terminará por suscitar mayores desplantes de agresividad tanto en ti, que estás fuera de tus casillas, como en quien comenzó la agresión y se siente inútil para lidiar con ella y perdonarla.

En realidad, tras toda agresión se esconde un ser aterrado que implora atención, pero que, al no conseguir sobrellevar esta energía, explota, destruye, toma venganza y arremete contra todos. Y si tu reacción suma más agresión, la situación empeorará por la contaminación energética.

¡Tú decides quién eres!

Tú, como todos los seres humanos, tienes antecedentes traumáticos, en mayor o menor grado, bien sea en esta vida o en otras; sufres heridas que han minado tus posibilidades desde tiempo atrás. Es necesario invertir mucho tiempo y esfuerzo para avanzar en la vida, pero estos serán inútiles mientras no te sobrepongas a la ira, al desengaño, al dolor, a la impotencia e incluso a las bajezas que puedas sufrir a manos de quien menos lo esperas, así como a tus propios errores o a los eventos que te causaron dolor o bloqueos.

Yo te recomiendo lo siguiente:

- Vuelve a la realidad y hazlo con fortaleza afrontando todo error pasado, propio o ajeno. No seas demasiado duro para juzgar los ajenos porque tú también has causado dolor con los propios, muchas veces sin malicia pero sí por ignorancia.

- No tomes el estandarte de la venganza, del rencor, del odio o la desolación. Nunca violes, asesines, corrompas ni comprometas la dignidad, la moralidad o las posibilidades de otros; no te escudes alegando que eres un enfermo mental o que estos actos se debieron a un *lapsus brutus*; tampoco te atrevas a decir que estás compensando todo el mal que la vida injustamente te ha impuesto.
- No generes más maldad en respuesta a tus frustraciones, tus odios, tus traumas, tu doloroso pasado, tus envidias injustificadas, tus resentimientos; no te aferres a ninguna forma distorsionada de perdición.
- No vivas agraviando y exponiendo lo peor de tu ser porque así tú mismo sucumbirás presa de tu propia ignorancia. No eres el Universo para decidir cómo otras personas deben vivir, morir y actuar. De ninguna manera cometas las peores bajezas, no utilices tus influencias para evadirte ni trafiques con las ajenas. No te faltes a ti mismo ni a los demás, no laceres, no ofendas, no destruyas ni denigres.
- No hagas el mal a cambio de un bien recibido, y de sucederte esto a ti, vuélvete, no mires el mal, no te centres en ese pobre ser que te lo hizo. Después, sigue tu camino sin permitirte agraviar a ningún ser vivo.
- En tu interior existen bondades infinitas. Apela a estas, deben emerger siempre pese al dolor,

la maldad, la injusticia, el robo y todo acto de violencia.

- No te corrompas ni te faltes como consecuencia de tu ignorancia emocional, espiritual y social, y de los errores o carencias de los demás. Estos deben ser afrontados por quien los comete, no por ti. Tú eres mejor que todos los sentimientos y actos malvados que se realizan en el planeta, y nunca deberás ser copartícipe de estos hechos y de esta cadena de miseria, maldad, agresión y traición.
- No argumentes que la vida es injusta y por eso tomarás venganza contra el mundo. Que antes fuiste traicionado y por eso hoy traicionas. Que antes fuiste golpeado y por eso hoy golpeas. Que fuiste secuestrado y por eso hoy secuestras.
- No esgrimas excusas porque ninguna es válida. Todo error que cometas por odio, sentido de injusticia, desamor, egoísmo, chantaje, falta de moralidad, abuso físico, mental, verbal o psicológico hacia cualquier persona, provocará que sufras los mismos actos cobardes que hoy cometas; además, estos actos negativos siempre repercutirán en un incremento de tu karma.
- Usa tu inteligencia para decidir quién quieres ser, qué debes ser y hacia dónde quieres conducir tu existencia. Tú eres la fuerza que construye, destruye o ejecuta tus posibilidades, afectándolas o proyectándolas. Eres quien trazará

tu porvenir y no deberás considerarlo en términos agresivos o rebeldes ni dirigirlo hacia una realidad que te frustra y te hace sucumbir.

- Recuerda, todo cambia, por lo que es importante que no te faltes a ti mismo. Impregna tu vida de coraje y haz algo constructivo con tu existencia y tu persona. Ante una herida, no demuestres tu dolor aferrándote a esta, no des a entender a los demás que te han vencido, te han derrotado y alejado de tu esencia; es necesario que modifiques tus modos de percibir la vida y de manejarla. Sigue adelante con esa existencia en el sendero de la luz y bendice toda situación.
- Si alguien te perjudica, no le prestes mayor importancia, así le quitarás todo poderío e influencia sobre ti y sobre tu futuro. Cada vez que estos seres te agravien, sonríe y céntrate en hacer proyectos, en buscar nuevos intereses, en actuar, pensar y sentir con grandeza y no guiado por las miserias humanas.
- Piensa en el bienestar de tu alma porque, como te he dicho, esta representa lo único que realmente eres, es lo único que vale la pena, tu única pertenencia y la más valiosa. Nada ni nadie vale tanto como para que sacrifiques la grandeza de tu alma sacrificando con ello tus posibilidades.
- Piensa que lo grave de los errores que cometas no es las consecuencias físicas que sufrirás;

lo grave es el retroceso evolutivo que tu alma afrontará y las repercusiones que estos hechos tendrán en tu futuro.

- No te opaques, no te doblegues ni te sometas a caprichos, chantajes u ofensas de otros. El Universo no te creó ni te dotó de inteligencia para que te conviertas en marioneta de terceras personas.
- Tú eres lo que piensas, sientes, haces y dices. Aun si te rodea el fango o si provienes de una familia que ha perpetrado terribles errores, tú eres mejor que tu entorno, que tu pasado y que tus relaciones.

  Por tanto, esfuérzate por ser mejor cada día y por no perderte inútilmente en la ignorancia espiritual.
- Las vibraciones erradas ante las que sucumbas, serán las calamidades que mañana atraerás a tu vida. Es preferible dejar cuentas pendientes cuando has sido agraviado y pedir al Universo que sea él quien aplique las medidas disciplinarias necesarias, sin que tú te "manches las manos" ni comprometas tu saldo dhármico con bajezas. No vale la pena destruirte por tonterías ni por egos; actúa con mayor nobleza.
- Guarda el equilibrio contigo y con tus posibilidades. No seas autodestructivo ni tóxico.
- Borra los recuerdos que te afecten y te lastimen, borra las palabras que te desagraden, borra

todo vestigio de tu ayer que te recuerde tus errores y perdónate.

- No te centres en todo lo que te molesta, ya que eso te generará bloqueos y demoras. Recuerda las bondades y no las vilezas, estas no merecen una mirada tuya ni tu atención.
- Aprende a dignificar tu vida, tus anhelos, tus recuerdos y tus esperanzas. No podrás conquistar la cima si solo miras la derrota, no te sigas menospreciando por el reflejo de la denigración ajena.
- Insisto, tú deberás enfrentar las consecuencias de tus actos y muchas veces los errores no tienen vuelta de página; toma en cuenta que si te corrompes por tus hechos, en ocasiones no habrá modo de restaurarlos.

Si lo deseas, para este fin puedes trabajar con los decretos que encontrarás en el último capítulo del libro.

Capítulo 9

MÁS ALLÁ DE TU ORIGEN

Más allá de tu origen

Muchos de ustedes provienen de circunstancias muy adversas, que no han logrado digerir ni perdonar a pesar de los años que llevan intentando lidiar con la situación.

Si lo miras desde afuera, comprenderás que todo ocurrió porque era inevitable; todos los elementos habían sido conjugados para resultar en la exacta situación que dio origen al dolor y la incertidumbre que buscas desenmarañar para deshacerte de los problemas que hoy te aquejan.

Sin embargo, esto no significa que deberás sacrificar tu existencia y tus relaciones ni contaminar tu futuro. Todo ello debe perdurar puro gracias al amor y al perdón.

Nunca ha habido víctimas ni verdugos, solo simples seres que se interrelacionan para sanar en conjunto situaciones latentes asociadas con ambos seres desde un antaño imperfecto.

Todo en esta realidad que habitas tiene que ver con oportunidades y dificultades ante las que deberás permanecer limpio, para lo cual ahora dispondrás de las herramientas requeridas.

Evolucionar no implica que te dejes corromper por el reflejo de la ira y la impotencia ante las faltas de otros para contigo. Es una cobardía y una falta absoluta de amor hacia ti mismo darte el lujo equivocado de agraviar a los demás injustamente porque primero tú lo fuiste. No, hermano mío, eso te costará muy caro.

No sucumbas ni acumules más karma por el mal recibido de los demás, no les otorgues tal poder sobre tu persona. Que tus posibilidades evolutivas no sean coartadas por seres enfermos, asustados y perdidos que no logran salir adelante ni resolver su vida. El planeta no tolera más violencia, ira y sufrimiento. Mi deseo es que puedas ir a dormir cada noche con la frente en alto, que puedas mirar a tus hijos con la frente en alto, que cuando llegue la hora de tu muerte no tengas nada que temer y no te aterres ante la junta kármica. Y eso únicamente lo lograrás si has llevado una vida digna, si no has sucumbido y desviado tu presente y tu pasado por un dolor o recuerdo traumático.

De este modo, tú decides hoy ser quien realmente anhelas llegar a ser. Decides sanar tu vida y tus relaciones. Decides terminar con las ofensas y no aceptar que te hablen con palabras despectivas, gritos, chantajes, insultos y malicia. Decides tomar el control de tus emociones, pensamientos y sentimientos, y abrir nuevas posibilidades a tu ser y tu propia existencia.

Hoy, si así lo determinas, habrás dado un paso certero para dejar atrás la soledad, el desamor, la amargura, la envidia, el chantaje, los crímenes, las intrigas, las adicciones y toda forma de miseria humana.

Hoy habrás abierto una nueva puerta que, de seguir mis consejos, te permitirá cambiar cada día tu realidad y la de tu núcleo familiar, social, laboral y económico. Afronta este reto con la seguridad de los logros que te traerá.

Si estás leyendo mis palabras es porque en este preciso instante requieres de ellas, vives o recién viviste una catarsis en tu vida y por eso no has podido soltar aún los hechos, los cuales siguen sin ser asimilados, aceptados ni depurados.

Tú eres quien guía tus decisiones, por lo que a mí solo me queda respetarlas. Sin embargo, estas palabras son un acto de amor y dan pautas que considero que pueden ser de mucha utilidad para ti y para todo aquel que se encuentre en un punto en el que atraviesan por una depuración cíclica, que por lo regular se produce cada siete años de la vida de cada ser.

Como bien te he dicho, en el Universo todo prosigue; las situaciones no se quedarán estáticas ni tampoco progresarán en tanto te mantengas atado al dolor, al odio, a la envidia, a los crímenes, a la mentira y la maldad. Estas no conducen a sitio alguno, tan solo te hieren más y más, como cuando se cava un hoyo en suelo acuoso: irremediablemente este se desplomará y será muy difícil volver a cimentarlo.

Por consiguiente, antes de que esto ocurra, escúchate a ti mismo y hazle frente a todo hecho del mejor modo posible, recordando que nada es tan valioso como para merecer que te destroces.

Tú mereces que tus posibilidades surjan y aumenten, y que por esto tu felicidad sea plena. Lucha, hermano mío, y retoma las riendas de tu vida con total dignidad.

Las herramientas metafísicas están a tu alcance, ofreciéndote ayuda para sanar tu vida, tus oportunidades y tus relaciones.

No desperdicies las buenas oportunidades –algo que muchas veces haces al actuar con obsesión–, quizá nunca regresen.

Por eso, y por la salud de tu alma y los estados de ánimo positivos que albergas, es fundamental que te liberes del dolor de los eventos traumáticos y los lazos sentimentales o familiares tóxicos.

Sé más inteligente que tus problemas, más humano que las miserias ajenas, más amoroso que los desencantos y sobreponte siempre en dignidad.

Estas bondades te ofrecerán futuros éxitos.

Toma en cuenta que tu futuro y tus posibilidades están en tus manos. No permitas que te engañen con frases como "yo sanaré por ti tu vida y tus relaciones" o "con tal hechizo volverá el ser amado".

Estas artimañas crean dependencias psicológicas, pueden arruinar relaciones y oportunidades. Todo intento que hagas llevado por la desesperación de retener a tu lado a alguien que ya no te ama te generará un karma. También lo hará todo acto que cometas contra otro ser vivo al intentar chantajearlo orillándolo a someterse a los caprichos que ustedes expresan hoy debido al déficit de atención, así como a la ignorancia evolutiva, los celos, la rabia y el desamor.

El Universo observa cada acierto y cada error de todo ser inteligente que lo habite. Ante la junta kármica estos se anotan con cuidado y resultan en un saldo final kármico y dhármico que se equilibra hasta obtener una cifra equivalente a la cantidad de años por una cantidad total de existencias en las que deberás aprender a depurar y sanar tu saldo kármico actual.

Esto complica el proceso de sanación de la situación, ya que en toda vida deberás presentar un currículo intachable para no seguir acumulando más karma.

En los registros akáshicos –exactamente en tu libro de vida– queda asentado todo hecho que cometes en la vida.

De esta manera, al dejar el plano físico y volver tu alma al plano astral, la junta kármica tendrá la información de cada error y cada acierto de tu alma, la cual se conserva en la biblioteca de los registros akáshicos.

Si en cada vida, aparte del saldo kármico que debes reparar mediante el aprendizaje de estas dolorosas lecciones, cometes más errores y causas más dolor, este será infinito, al punto en el cual siempre deberás volver al plano físico quedando encadenado a él.

Asegúrate de elegir las opciones y acciones adecuadas.

Capítulo 10

CONSTRUYÉNDOTE EN PERFECCIÓN UNIVERSAL

Construyéndote en perfección universal

En forma equivocada, tú, y otros seres humanos, han vivido chantajeando y manipulando las relaciones a su antojo y conveniencia, perjudicando a quienes les han brindado amor, respeto y bondades.

Se han faltado a ustedes mismos y, tristemente, algunos disfrazan como un aparente ahínco en evolucionar su creciente interés en distorsionar situaciones a capricho y conveniencia propios.

Deja ya de aferrarte a tus imperfecciones, deja de elevar estandartes que pueden utilizarse para manipular situaciones.

Dios jamás les ha expresado que tengan derecho a asesinar para recibirles en el Paraíso. Yo jamás he decretado "tal persona tiene que hacer esto y aquello" porque los respeto y merezco recibir lo mismo de ustedes.

Les suplico no hacer uso de mi identidad para expresar frases que nunca he dicho, no sucumban ante la necedad ni ante las acciones que buscan beneficiar a un único ser.

La responsabilidad evolutiva al involucrar en sus asuntos a los Maestros Ascendidos

La evolución espiritual no implica malentender nuestras enseñanzas, nosotros nunca expresaremos favoritismos ni deseos a través de cuartas y quintas personas. Cuando exista un mensaje por transmitir, acudiremos a ese ser en particular y nos expresaremos ante él. No confíes en que algunas recomendaciones provienen de nosotros si no las comunicamos a través de los canales directos que usamos, es decir, sueños, visualizaciones, proyecciones, por palabra directa de uno de nuestros canales o bien, mediante una materialización.

Desconfía de todo mensaje que te sea expresado en nuestro nombre y que en sus palabras traiga soberbia y sentido de superioridad.

No te dejes engañar, ya que es muy fácil tomar el nombre de un ser astral para manipularte y obtener provecho de ti, exponiéndote a problemáticas futuras que nunca se hubieran suscitado si previamente hubieras verificado la fuente y su valía o falta de ella.

Nosotros no somos juguetes de nadie. Somos seres astrales que con infinito amor y tolerancia hacia la humanidad cumplimos una misión de luz. Como tales, solicitamos respeto y educación para no ser implicados más en sus bajezas espirituales.

La evolución comienza cuando aprendes a no abusar de quienes te aman, dejas de manipular a las personas con quienes te relacionas para obtener beneficios personales, dejas de agraviar a otro ser con intrigas y mentiras.

Tu palabra debe valer porque representa tu alma, tu corazón y tu dignidad. No sigas pasando por encima de los derechos ni la dignidad de otros; no realices, fomentes, ni aceptes estos abusos.

Las mentiras y la manipulación no son bien vistas por la junta kármica. Quien manipula situaciones, miente para lograr supuestos favores personales y nos toma como presas al envolvernos en sus mentiras y chantajes, se hace acreedor a 888 existencias, en las cuales él mismo aprenderá de lecciones asociadas a las mentiras y manipulaciones ajenas.

Nuestra presencia de luz no acepta tales bajezas, ya que nuestra misión es honesta y seria.

Perdona la dureza de estas palabras, pero no es posible admitir las situaciones como las han regido, manipulado e implementado en su existencia. No aceptamos ser ni marcas registradas ni estandartes de mentiras o bajo los cuales se cometen asesinatos o chantajes. No somos seres imperfectos a su imagen y semejanza, como se empeñan en pintarnos.

No te hablaré de un castigo por conducirte de esta manera, pero sí insistiré en el saldo kármico que llega detrás de esto. El saldo de 888 existencias dolorosas se verá agravado por las acciones que hoy tú y tus congéneres llevan a cabo y esto será el inicio de duras lecciones evolutivas que han demostrado querer ganarse.

Quienes continúen comportándose bajo tales imperfecciones verán sus deseos concedidos y deberán aprender a dejar de manipular, traicionar, utilizar, denigrar, mentir o asesinar.

Toda imperfección con que te comportes hoy hacia otro ser será la causa de tus futuras tragedias, ante las cuales sucumbirás por esos actos que hoy por libre albedrío decides emprender.

La perfección espiritual no se construye a base de mentiras, odios, traiciones, manipulaciones, agresiones o bajezas de ninguna índole. No responde a estas con grandeza sino con lecciones hacia los seres que las cometen. No agraves más tus saldos kármicos con estos hechos.

Si quieres evolucionar, entrégate al amor, la dignidad, la bondad, la verdad, la piedad, el silencio, el respeto, la justicia y el perdón. Entrégate a la grandeza con la cual Dios te creó, a la renuncia del ego, a la luz universal, a una visión más justa y equilibrada de todos tus actos, a construir solo grandezas en tu interior.

Si afirmas constantemente "yo trabajo en mi propia evolución", pero sigues chantajeando, traicionando, criticando, ofendiendo, asesinando, denigrando, abusando de todo ser con tus palabras, agravias a aquellos que te han tendido sinceramente la mano. Entonces, es inútil que yo te hable, es inútil mi presencia en tu existir. Si quieres perecer en la ignorancia espiritual, no acudas a mí intentando que yo sea tu pretexto para no aceptar la responsabilidad de tus actos para contigo y los demás seres.

Si eres chantajista por aprendizaje y por hacer caso a tu ego, no me supliques que erradique los chantajes que otros cometan contigo. Tú decides sucumbir ante ellos. No es posible evolucionar si no se está dispuesto a la autoconfrontación emocional y mental.

Tú y los humanos en general son sus salvadores o sus verdugos en función de lo que elijan hacer y de cómo decidan vivir y conducir sus emociones y relaciones.

> No te resignes a vivir con las imperfecciones propias y ajenas. Atrévete a cambiar, a sanar tu relación con tu alma, tu corazón y tu intelecto. Atrévete a salir del pequeño y limitante mundo en el cual has querido quedarte porque todo lo que acontece hoy es la justa retribución de lo que causaste ayer.

No te creas un santo ni superior a tus semejantes; no pases por encima del cadáver de nadie, no manipules ni efectúes actos vandálicos. Tu ignorancia evolutiva lacera a otros seres; jamás quedará impune en tus próximas existencias, en tu trayectoria evolutiva ni en tu saldo kármico.

Y si optas por engañarte, creyendo que nadie te pasará factura por tus actos negativos actuales, te quedarás esperando al llegar a la junta kármica, comité disciplinario y evolutivo del cual formamos parte mi amada Porcia, Hilarión y yo. En el astral la impunidad no existe y cada maldad, dolor o agravio que causen en otro ser deberá ser sanado en vida propia.

Tú aprendes únicamente cuando el dolor te llega; ya deberías saber que la evolución se encuentra en todas las enseñanzas y lecciones de las que tengas conocimiento e incluso en las que no te llegan en vida propia.

Si ignoras nuestras recomendaciones, caerás ante tus propios errores al aferrarte o pasarlos por alto, al considerar que el mundo y las demás personas están allí para rendirte pleitesía, para que abuses de su confianza, les mientas, robes, asesines, faltes al respeto, humilles y manipules. Todas estas imperfecciones que te has permitido esgrimir en contra de otros seres acabarán por vencerte.

Jugar con el astral desdibujando su grandeza y tergiversando nuestras enseñanzas nunca ha sido algo positivo y, por ende, sus repercusiones no serán sencillas de sanar.

Si actúas mal con chantajes, desamor, agresión, traición y laceraciones físicas, verbales, psicológicas o emocionales, mañana serás víctima de ese proceder con el cual te agrada burlarte de todo aquel que por desgracia interactúe contigo.

Los seres vivos no están aquí para que tú decidas si deben ser amados o existir o no sobre la Tierra porque su presencia en tu existencia te resulte cómoda o incómoda. El Universo es sabio y cada ser que reside en tu plano físico está ahí porque así debe ser.

Recuerda siempre, tú mereces buenas oportunidades, dignidad y bondad en tu vida; mereces ser perdonado, pero este perdón no llegará si no aprendes a aceptar tu responsabilidad de los problemas que tú mismo construyes. Espero que logres ser mejor de lo que eres ahora y vuelvas a la luz porque es urgente que así sea.

CONSEJOS PARA ALCANZAR LA EVOLUCIÓN, LA SANACIÓN, EL AMOR Y LAS OPORTUNIDADES

- Vive en honestidad
- Vive en lealtad
- Vive en amor bondadoso
- Vive en el silencio respetuoso
- Vive en la liberación y el perdón

- Vive valorando el amor
- Vive respetando y promoviendo la justicia
- Vive respetando y promoviendo los valores
- Vive respetándote a ti mismo, respetando a todo ser vivo y a todo ser que more en el astral
- Dignifica tus pensamientos
- Reflexiona en tus palabras antes de pronunciarlas
- Reflexiona en tus emociones antes de tomar partido en una posición determinada
- Deja ya de demostrar y aceptar las bajezas propias y ajenas
- No prestes oídos a intrigas ni fallas
- No te corrompas ni intentes corromper a otro ser bajo la cobardía de tus actos
- No gestes más lecciones kármáticas, ya tienes suficiente con todos los actos viles cometidos que deberás saldar
- No te desgastes más, no te prestes a humillaciones, venganzas, chantajes, odios, manipulaciones, mentiras o actos violentos
- Toma siempre en cuenta que quien entre bajezas actúa, ante ellas sucumbe y tu alma es muy preciada para dejar que se pierda ante tanta imperfección

Cierre

Confío en que este material te resulte de utilidad para comprenderte mejor y para comprender mejor a quienes te rodean; no existen enemigos, sino hermanos profundamente heridos que requieren mucho amor para poder sanar. Para el cierre de este material te he preparado, además de los consejos evolutivos anteriores, mensajes de algunos de nuestros otros hermanos ascendidos, a quienes seguramente conocerás como ya me has conocido a mí, así como mensajes y decretos emitidos por Dios.

Que tu vida se multiplique siempre en amor, sanación, oportunidades y evolución. Te abrazo a cada instante.

Capítulo 11

Mensajes de los maestros ascendidos

Mensajes de los maestros ascendidos

Algunos maestros ascendidos le hablan a la humanidad

Los siguientes mensajes han sido emitidos directamente por los maestros ascendidos mencionados. Cada uno de ellos busca despertar a la humanidad respecto a algún tema específico.

Hilarión

Hemos estado aquí para ti, como para todos los demás integrantes de la humanidad. Te hemos visto reír y llorar, arrepentirte, ofender y traicionar. Te hemos visto exigir grandezas a cambio de miserias expresadas por ti y todos los humanos hacia toda forma de vida.

Gustas de exigir el todo a cambio de la nada y esa no es una forma correcta de relacionarte contigo ni con el resto de los seres vivos. El egoísmo solo conduce al fracaso y es peligroso aferrarse a este.

Tú eres un extracto del más puro amor universal desde su extracción de Dios. Nunca consideres una situación desde una única perspectiva porque esta suele ir aunada al egoísmo con el que la humanidad se conduce.

Busca alternativas afables que te ayuden a inyectar amor a tu planeta, tu hogar, tu existencia, y que te despierten a los sentimientos más puros que jamás hayas logrado expresar.

No se alcanza la reconexión con el amor en su más grande pureza con odios, desamores o traiciones. Ese no es el sendero que conduce al éxito.

No te engañes, el amor gusta de darse por la sola dicha de brindar lo mejor que comprende un alma en un instante donde con generosidad se abre de par en par hacia todo aquel que requiera recibir dicho amor, sin mirar rostros, limitantes o condicionantes. El amor sabe construir y no destruir; el amor perdona y prosigue adelante alcanzando niveles ilimitados de pureza, evolución, comprensión de sí mismo y espacio asociado a su propio ser.

Comprende tu divinidad, hazte uno con ella mediante el sentimiento más noble que existe: el amor. Cuando este es real y tangible –y por tangible no me refiero a un amor carnal, sino al que inyecta ilusiones a pesar de no poseer una pareja–, se permite charlar con un árbol, bendice al sol y se interrelaciona con él, reconoce sus propios errores y se empeña en sanarlos y en seguir adelante sin caer presa de ellos ni comprometer su futuro por una torpeza relacionada con su pasado.

Vive, ama, perdona y reconoce en cada ser a tu madre, tu padre, tus hermanos, tus amigos, tus amores. El amor se entrelaza y se suelta porque no se aferra a la necedad, se expresa y punto; no se cuestiona, no se impone, no engaña, no distorsiona, no limita. El amor no es un chantaje, una esclavitud ni un contrato de compraventa; si lo fuera, sería simple posesión.

No temas, quizá no llegues hoy a comprender la grandeza del concepto que intento transmitir mediante una herramienta limitante como son las palabras, pero llegará un día en que tú, al igual que todo ser que more sobre la Tierra, habrás aprendido las bondades y la gran derrama sanadora que se asocia al amor universal.

Recuerda que te bendigo siempre.

Madre María

Hijo de la luz mío y amado, espero ya tu vuelta al hogar a través de la dignificación de tu existencia, la claridad de tu conciencia y tu despertar... Vuelve a ella en perfección.

Intentamos calladamente una proximidad que favorezca tu evolución. Hemos buscado dotarte de todas las oportunidades necesarias para lograr que tu existir sea pleno y sereno.

No sigas afectando tus posibilidades. Dignifica tu existencia y reencuéntrate con la grandeza de nuestro amor que es bondadoso y te es ofrecido sin compromiso.

Tu vida es importante. Mañana te serán expuestas nuevas posibilidades de eximir tus procesos errados, pero hoy, hijo mío, vuelve a construirte a ti mismo como jamás lo has hecho y como siempre lo has querido, aun sin saberlo.

Construye sin mirar los impedimentos, que son reflejo de la ignorancia. Considera las bondades, la verdad y todo lo que exista de ustedes hacia fuera. Lo de afuera que no tenga sentido, ignóralo; no desperdicies ni un suspiro de tu esencia en ello.

Permite que en tu corazón haya un espacio y un tiempo disponibles para construir una auténtica versión editada de ustedes a través del amor y dirigida al amor. Has errado desde hace demasiado tiempo el sendero, asegúrate de no hacerlo más porque no vale la pena.

La plenitud se encuentra tras tus elecciones; pon en ellas tu confianza y tu ánimo. Que la luz bañe cada mañana tu alma y que en ella encuentres el soporte para solucionar toda situación que no logres comprender.

Durante años has perecido ante esas elecciones producto de tu ignorancia evolutiva. No es posible continuar con ese dolor, soledad y desamor. Tú mereces la dignidad, el amor, el respeto y la vida que todo ser sueña calladamente alcanzar al confrontarse a sí mismo.

> Esa vida que sueñas no es solo un sueño, es la expresión de tus anhelos más sinceros, lo que requiere tu alma para ser sanada, labor que a ti te corresponde. Tú eres quien debe sanarla, esta es tu oportunidad de reparar tus acciones erradas y es tu derecho salir adelante de tus desaciertos y no sucumbir a causa de ellos.

Perdónate y que la indignidad no vuelva a aparecer en tu vida y en tus emociones, no reduzca más tus posibilidades a corto ni a largo plazos.

Eres producto de lo que piensas, de lo que sientes, de cómo manejas tus relaciones en tus ámbitos familiar, social y laboral. Eres tu propia esperanza o tu propia perdición.

Hijo mío, regresa al amor, la autoestima, la evolución y el alto plan divino bajo el cual has decidido sustentar tu existencia, planeándolo así desde antes de tu nacimiento. No te falles más a ti mismo y no sigas disminuyendo tus posibilidades evolutivas.

Eres muy valioso y te amamos tanto, que es muy triste verte vencerte ante la ignorancia, la falta de amor, la traición, el poder, la ambición, la injusticia, el odio. No te hieras más, que tu existencia presente no resulte inútil porque, de serlo, deberás repetir la misma experiencia de vida agravada por los efectos de tu karma presente.

Dignifica tu existencia, honra tu vida, honra tu alma y reconéctate con la grandeza a la cual perteneces. Busca la plenitud en tu existir, sé honesto en tu forma de amar, sé orgulloso en tu esperanza de vida. Sana ya y encontrarás la verdad de tu existencia que te será revelada con toda su grandeza.

RAMI

Ser de viento, es tiempo del despertar para la humanidad. Retorna a tu origen divino, a la plenitud. Las guerras, los asesinatos y los combates entre credos y entre regiones por apoderarse del petróleo, por conquistar nuevos territorios y posiciones estratégicas, únicamente te destruyen y destruyen a la humanidad entera. No seas copartícipe de la destrucción de la flora, la fauna, los núcleos familiares o las naciones. Los océanos son también devastados a causa de la ignorancia humana.

A ti, ser de viento, te solicito tu valentía para tomar medidas urgentes porque tu planeta se está muriendo y ahora ha entrado en una fase de agonía. Toma en cuenta que en 20 años la escasez de agua y de alimentos será tan grande que incluso las hoy llamadas naciones poderosas padecerán hambrunas y epidemias causadas por falta de salubridad, el cambio climático y falta de agua potable. Si no comienzan a atender la urgente problemática hoy en día, el futuro de la humanidad y de todo ser vivo sobre el planeta será muy incierto.

No permitas que arrasen con tu propio reino, que es el de la humanidad. No permitas que se arraiguen en ti ideas equivocadas porque si aprendes a vivir en la ignorancia, a hacer caso solo de tu ego, no tendrás el coraje de ver la realidad tal cual es. Entonces tú, que debes ser la esperanza y la promesa de un futuro mejor, serás una réplica exacta pero agravada de las imperfecciones que hoy padecen tus padres.

El compromiso debe ser total pues de lo contrario entrarás en una devastación serial a gran escala, en la que el único alimento posible sería el obtenido mediante el canibalismo.

Confío en que tú –como cada ser humano– te atrevas a tomar conciencia de tus actos y te atrevas a salir adelante respetando la flora y la fauna; elaborando y participando en programas más serios de desarrollo ambiental que logren que las especies recuperen su tasa de natalidad al ser autosustentables; cambiando a la energía natural, aquella que no produce contaminantes, por ejemplo, la eólica o la solar; purificando el agua que utilizas pero no con productos químicos.

Los químicos afectan la capa de la corteza terrestre, son una cadena de muerte y generan malformaciones en quienes consumen alimentos cultivados en tierra contaminada. La química, en ciertos casos, y la radiación son venenos. Estos problemas superan en gran medida la pobre capacidad de afrontarlos con la supuesta tecnología.

Por consiguiente, es fundamental que comprendas quién eres y cuál es tu papel en todo esto. La próxima vez que pasees con tu hijo o tu nieto, llévalo a conocer la fauna y la flora silvestres, enséñalo a respetar su vida, su hábitat, su forma de alimentación, sus necesidades y espacios. Dignifica su vida y en lugar de comprarle un juguete, enséñale a ahorrar, a participar activamente en algún grupo de ayuda y protección de los hábitats salvajes de reservas naturales, a hacer desde pequeño donativos a esa causa, a trabajar con orgullo en la medida de sus capacidades, a ser responsable de sus actos, a actuar con bondad, a no mentir ni traicionar. Comunícale que su palabra debe tener un peso y como tal, cumplir cualquier promesa o acuerdo con el que se comprometa es fundamental.

La humanidad merece una verdadera humanidad y no esta tan disfuncional en la que ustedes se han convertido. Mira los noticieros y reacciona: ¿cómo es posible que ya hayan comenzado a ser caníbales y nada se haga al respecto? ¿Que haya pueblos en el mundo donde no se pueda beber ni utilizar el agua que corre por sus ríos y en sus hogares porque está completamente contaminada por arsénico? ¿Que asesinen crías de foca y tigres para obtener su pelaje? ¿Que devasten arrecifes para construir hoteles ante la pasividad de todos porque tristemente a nadie le importa el bienestar ni la dignidad humana cuando con esto se reciben beneficios económicos, sociales o políticos?

¿Qué clase de seres son ustedes, seres de viento? Dios les creó con amor e integridad y les otorgó un paraíso propio –su planeta– para su perfecto desarrollo, pero ustedes se denigran más y más, prostituyen su ser, su calidad de vida, su integridad a cambio de un poderío que al volver al astral de nada les servirá y sí les habrá hecho acreedores de duras lecciones que jamás hubieran imaginado.

No sigan echando abajo sus posibilidades; no se atrevan porque esta espiral de destrucción en la que hoy están inmersos terminará por vencerlos. Y entonces ¿qué harán, a dónde podrán dirigirse cuando no tengan nada más que destruir? ¿Cuando no posean sino epidemias y hambruna mundiales, sin más recursos naturales? ¿Cuando cuenten con dinero y activos en el banco y en su hogar, pero estos no les sirvan sin alimentos ni agua ni salud?

En ese momento serán presa de esas circunstancias por no haber tomado conciencia a tiempo y entonces perecerá toda la humanidad por la ignorancia con la que se comportaron consigo mismos y con el planeta.

A ti te hablo: reacciona porque mañana será ya demasiado tarde. El futuro es muy negro si hoy no se revierten a gran escala todos los daños causados a la capa de ozono, a los océanos, la flora, la fauna, y también a tu intelecto, tu corazón, tu núcleo familiar, sentimental, social y laboral.

Despierta antes de que ya no existas y nada quede por hacer. Hoy puedes revertir mis palabras que son la advertencia de alguien que desde el astral sabe perfectamente lo que puedes afrontar de no cambiar tus hábitos de conducta.

Con profundo amor y respeto, espero que tomes conciencia, que actúes para sanar tu presente y tu futuro, para salvar a animales y plantas, para valorar la vida de todo ser, así sea.

Kwan Yin

Desde la paz de la bondad te saludo a ti y a todos los seres humanos.

Mi mensaje para ti es que te entregues a la bondad y a la compasión, que afrontes como propias las tragedias humanas porque son las mismas con las que en algún momento deberás lidiar o habrás lidiado tiempo atrás. Para ello, aprende a perdonar, a olvidar ofensas, odios y traiciones, a no gestar en tu interior odios que afectarán gravemente a quien viva prisionero de tan bajo instinto.

Los instintos no son buenos, te hacen cometer errores con un costo demasiado elevado. No mereces estas lecciones y, por tanto, actúa guiado únicamente por el verdadero amor, el que ve más allá del físico, vocabulario, rango social o defectos de las personas. El amor que es tan puro que no se mancha con celos, mentiras o agresiones, que busca el bienestar de los demás aunque no se encuentre a su lado. El que respeta las ideologías y requerimientos ajenos, y no busca transformar a un ser para hacerlo a su imagen y semejanza; las diferencias son sanas y ayudan a enriquecer el intelecto.

No te permitas padecer tanta imperfección, ayuda sin temor a todo ser necesitado, pero no quedes a merced de otros seres; si tu espíritu piadoso termina por hacerse responsable de proveer incesantemente a los demás sin enseñarles a bastarse a sí mismos, se crearán codependencias que te harán perder tu libertad y quedar bajo el dominio de aquellos a quienes intentas ayudar; entonces, estos pasarán de agradecer –o no– tu ayuda a exigirte que les resuelvas todo.

Está claro que no necesitas más problemas, más dolor y menos posibilidades. Todo lo contrario, requieres crear para ti un nuevo contexto, nuevas posibilidades y justas y equitativas. Si cambias tu visión egoísta de la vida, lograrás restaurar la paz en el mundo, en tu núcleo familiar, con tu pareja, con tus amistades y en tu ambiente laboral, el cual podrá ser justo y correcto.

Hace tiempo que la humanidad perdió el rumbo y prueba de ello es el creciente número de suicidios en el mundo de personas que se han vuelto adictas por falta de valores, por no soportar sus problemas ni saber cómo afrontarlos.

Cada día aumenta el número de delincuentes por el entorno de ambición y falta de valores en el cual crecen los jóvenes de zonas marginadas; por desgracia, así estos "aprenden" que matar es un negocio lucrativo y que un trabajo honesto es más bien una explotación y una forma de aferrarse a la miseria.

¿Qué clase de mundo han creado los humanos, en el que toda piedad, todo amor y toda verdad se han perdido en el fango del odio, la crueldad, el resentimiento y la miseria?

Despierta ya y contribuye al despertar de tus congéneres para que en amor y bondad trabajen para cambiar su realidad.

Maestra Lady Leto

Querido niño, hoy me dirijo a ti para despertar tu compasión y tu conciencia, que han quedado empolvadas desde hace tiempo.

Las encarnaciones, no solo no son fáciles, sino que resultan complejas, depurativas y dolorosas. Pese a la esfera en la que pueden estar envueltas, los humanos poseen siempre impurezas que hay que erradicar, fantasmas de su ayer, emociones atrapadas que se multiplican, aligeran o agravan según conduzcan su existencia presente.

Así, el dolor les ahoga y suele sacar a la luz lo peor que existe en su ser.

Y tú ¿cómo podrás continuar con tu objetivo vital de depurarte y evolucionar cuando has perdido el rumbo de tu esencia, creada desde el astral?

Es tiempo de despertar y romper esta pesadilla que has vivido por el dolor y las imperfecciones ante las cuales has sucumbido y que aún hoy te aquejan. No quiero ser fatalista ni exagerado, pero sí ayudarte a comprender que eres tú quien posee las capacidades necesarias para cambiar tu realidad.

Tu regalo más preciado para las futuras generaciones deberá ser devolver la dignidad a su planeta, sus sociedades y su vida, no te rindas ante la ignorancia espiritual porque esta es una apuesta equivocada y dolorosa.

Tu presencia en grandeza hoy es requerida y resulta vital para lograr la plenitud espiritual que tanto anhelas.

Vuelve a ella, sé puro igual que en un tiempo lejano cuando aún no quedarás vencido ante ambiciones desacertadas.

Deja de pensar en limitantes, en miserias, en angustias e imperfecciones pues así las atraes a tu realidad y de tanto pensar sucumbirás ante la cárcel que suponen.

Efectúa cambios depurativos y constructivos en tu existencia. Vuelve a la luz, a la plenitud, y sé honesto contigo mismo y con el resto de la humanidad.

No temas: siempre que requieras un abrazo sincero o la ayuda divina, aquí estaremos para brindártelo y dotarte de gracia y encanto, amor y posibilidades infinitas, si así nos lo permites.

Este fue mi mensaje para toda la humanidad, en luz les dejo.

Lady Nada

Me dirijo a ti diciéndote que hoy requieres un silencio más profundo para combatir las miserias que tú y tus congéneres han generado por mucho tiempo. Estas están presentes y comienzan a crecer y multiplicarse; así toman fuerza las imperfecciones que hoy te aquejan con mayor rigor.

No busco obligarte a actuar de un modo exacto ya que en el interior de cada uno de ustedes reside la divinidad en acción. Es esta a la que hoy imploro que te ayude a actuar de la mejor manera posible. Necesitas recibir y ofrecer amor y dignidad, convertirte en el mejor ser que puedas ser. El amor es el único sendero seguro en tu trayectoria vital, que debe enfocarse a otorgar luz y bendiciones, y esta es su respuesta ante todas las interrogantes de tu vida.

No te devastes y trabaja para lograr la reconexión en luz y en amor. Vuelve a esta luz y a la dignidad. Volverás a ser quien eres cuando permitas que tu divinidad aflore. Tú sabes que en las escasas ocasiones en las que te has permitido actuar mediante tu propia divinidad, todo ha salido bien, a diferencia de los malos resultados obtenidos cuando actúas llevado por el ego.

Tú mereces las más altas bondades, que es fundamental que rescates; volver a ellas es tu derecho divino, y este comprende la promesa de un futuro mejor para todo ser de cualquier plano del Universo.

Sé parte del cambio a la luz, la dignidad, la bondad y la esperanza.

Te entrego todo mi amor, esperando que el silencio te conduzca a sobreponerte a las dificultades, a actuar con nobleza y amor, a bendecir toda situación y a ser pureza de acción, pensamiento y emoción. Bendito seas siempre.

Akasha

Yo soy parte de la energía magnética y eléctrica del Universo. En mí encontrarás la comunión que envuelve a todo átomo existente en todo el Universo. Tú estás en mi interior y yo estoy en tu interior, somos la misma cosa actuando en perfección.

Y esta perfección es la que busco impregnar en todos ustedes. Los planetas, el Universo, los soles que rigen diferentes sistemas planetarios, demandan mayor energía y luz, y así llega el momento de conformar alianzas constructivas donde todo ser vivo acepte la repercusión que sus actos, su pensamiento y sus emociones tienen en todos los seres comprendidos en cualquier dimensión.

Bríndate una tregua para dejar a un lado las bajas pasiones, los odios, la indignidad, el desamor y toda forma asoladora de imperfecciones.

Aprende a alinear tu ser y tus átomos con la luz divina, en la cual todo ser se originó. Entonces, si tú, y los demás humanos, son seres divinos y sus átomos son átomos de luz, de poderío y de posibilidades vastas y armoniosas, ¿por qué conformarte con vivir bajo una imperfección que es antinatural en ti? Deja ya de limitarte, de agravar sus efectos kármicos, y comienza a tomar conciencia de tu divinidad, la responsable de generar vida y no de acabar con ella. No es posible destruir a otro sin antes hacerlo contigo mismo.

No te permitas ser víctima de tus errores y céntrate en la luz; mira tus átomos; observa tus necesidades más puras, honestas, aquellas que consideras inalcanzables y cuya carencia intentas resarcir con posesiones materiales que solo te alejan más de los objetivos de la luz.

Esta luz es la que sana toda enfermedad, la que otorga extensiones de vida si tus objetivos son puros y nobles.

Esta luz que comprende que el amor es la única fuerza capaz de erradicar situaciones kármáticas antes de que se gesten. Vuelve a la luz, al amor y a la dignidad que tu alma esconde.

Exprésala, siéntete orgulloso con humildad de todas tus cualidades y mira así la vida con dignidad, amor y bondad. Siempre serás bendecido y siempre habrás de volver a la luz, pero haciéndolo por voluntad propia, sin sufrir pérdidas para aprender las lecciones.

Que tu sendero sea pleno, honesto y amoroso es mi deseo para ti y para toda la humanidad. Que así sea.

Humanidad, tienen todos que unificar sus propiedades con su esencia, eliminando residuos tóxicos de pensamiento y de sentimiento.

Tú, como los demás, equilibra tus realidades y concéntrate en la autenticidad de tus necesidades. Aprende a separar las que son ficticias de las reales. No es posible que sigas viviendo con el rumbo errado al cual te tienen sometido.

No recaigas en los mismos errores. Sigue adelante, lucha por tus objetivos y por tus afectos, pero hacerlo implica aceptar con dignidad todas las implicaciones y obligaciones que suponen.

Las verdades no pueden ser ocultadas y el desamor no deberá sustentar por más tiempo tu presente ni lacerar más tu futuro.

Mira este futuro con grandeza y concéntrate en él, no le faltes a tu dignidad, permítete descubrir tu existencia con nuevos fundamentos. No sigas tu camino bajo la misma directriz, en la cual todos han basado su proceder. Tu mente requiere vencer cualquier limitante; tu corazón requiere la libertad del amor incondicional. Busca ya alimentarte del prana, del amor, de la bondad.

Aprende a alcanzar la existencia que tanto has acariciado en el silencio y enfócate en él, en su bondad, en sus posibilidades ilimitadas, bajo las cuales puedes crear todo aquello que tanto anhelas.

No cedas a la indignidad y entrégate al amor. Que este sea tu cimiento y tu esperanza, que sea la bondad a la cual consagres tu existencia y tus sueños.

La luz está en ti y que sea esta la que te colme de felicidad, bienestar, armonía y prosperidad. Vuelve a ser pleno en todo acto y encontrarás el bienestar que tanto has reclamado.

Te invito a reencontrar el bienestar ubicado en tu interior, el cual requiere aflorar porque mediante él te será concedida la plenitud.

Espero que rectifiques tu existir.

Mensaje canalizado de Dios 30/1/2012

Soy tu extensión, en cuanto tú me reconozcas en ti; mi amor es tu mismo ser bajo el cual fuiste creado como cada flor que habrá de morar en tu jardín.

No existe ser imperfecto; únicamente existen los seres divinos que debieron existir, aquí y ahora, para cumplir una misión divina, estelar, universal, que les dota del más alto conocimiento para frenarse a sí mismos y reconocerse en pura divinidad. Esta divinidad se encuentra comprendida en los ángeles, arcángeles, sabios del Universo, constelaciones, seres estelares, seres humanos, plantas, animales, seres cristalinos y demás seres astrales.

Hoy es el momento exacto para su divino despertar. Cada uno de ustedes cumple con precisión lo que debió ser en un momento exacto, desde el cual fue creado y diseñado para detonar en más luz justamente en este instante.

Nosotros, sus hermanos astrales, no pretendemos ser estatuas en pedestales admiradas por ustedes, eso a nadie le sirve. Pretendemos y anhelamos abrazarlos, reconfortarlos y ayudarlos a liberar su karma. Pretendemos y buscamos su evolución, su perfecta felicidad, su divina expansión.

Yo no soy su DIOS omnipotente; soy, simplemente, su piadoso hermano Dios, que habita desde siempre en cada criatura que fue conformada. El mundo astral comienza a hacerse más visible y palpable en su realidad, pero no deben temer. En cada instante, en cada respiro, en cada partícula de su ser, siempre que me necesiten, estaré dispuesto para ustedes desde que fueron conformados de mi mismo prana.

Somos la misma materia astral, el mismo ser. La única diferencia es que yo existo en un plano astral, siendo consciente de que físicamente estoy habitando en el interior de cada uno de ustedes. En cambio, ustedes han olvidado reconocerme en sí mismos y reconocerse en mi ser. Sepan que jamás los he abandonado y jamás lo haré.

Son ustedes mi misma luz. Son capaces de generar grandes milagros si concentran su energía divina y sus capacidades en divinidad, en confianza universal. Por favor, transmuten sus ideas erradas, los odios, las envidias, la indignidad, el dolor, la ira y la soledad. Transmuten igualmente las injusticias y las calumnias, los pensamientos, acciones y sentimientos viles. Erradiquen la maldad de su fiel realidad, que no exista más preámbulo alguno de su ser. Ustedes, desde sí mismos y desde el Universo, merecen bondades infinitas, amor en perfección y en humildad, amistades sinceras y grandes oportunidades de desarrollo. No permitan que el mal ciegue su espíritu ni su mirada, turbando así su fiel realidad.

No hay religión que amerite derramamiento de sangre. Yo no soy un millón de nombres disfrazado en una doctrina determinada; la única doctrina que reconozco y avalo está conformada por el amor, el respeto, la bondad, la humildad, la sinceridad, el perdón y la valentía. En ellas me encontrarán, así como en los fieles confines de su espiritualidad. No me busquen en templos, mezquitas, iglesias o sinagogas ni en cultos escondidos, búsquenme, sencillamente, en lo más puro de sus corazones.

Siempre que me necesiten, recurran a mí en la forma que sientan más indicada, la más próxima a su espíritu. Mis frecuencias son 12121916 y 12121212; en ellas siempre me encontrarán.

Suyo siempre, su humilde hermano Dios.

Capítulo 12

Decretos valiosos

Decretos valiosos

Ahora permíteme brindarte estos decretos que te ayudarán a alcanzar este estado de vida refrescante, amoroso y constructivo.

Relacionados con el capítulo 4

Decreto 1 para una vida amorosa y constructiva

Yo soy el arquitecto de mi destino
que siempre fomenta en su interior
los principios elevados del amor y del perdón.

Soy yo quien construye una realidad en pura elevación.

Así soy, y así bien cada ser siempre será.

Decreto 2 para una vida amorosa y constructiva

Yo soy la calma sustentada que se sobrepone
a todo dolor sin odios ni exaltaciones,
porque yo soy el ser que comprende
que todo inicio tiene un final,
que todo error un día terminará.

Así, en la esperanza, el amor volverá,
la dignidad y la bondad se instaurarán
ya en toda mi realidad.

Que así sea.

Decreto 3 para una vida amorosa y constructiva

**Yo soy la luz de la verdad
que me libera de toda impotencia,
amargura e imperfección.**

**Yo soy alegría y dignidad,
soy la luz que ahora sabe sanar.**

Así ya es, así será.

Decreto 4 para una vida amorosa y constructiva

**Yo soy la respuesta divina que cesa
y elimina toda duda, angustia, escasez,
dolor e imperfección.**

**Yo hoy decido volver a la luz, al amor,
a la dignidad emocional y espiritual.**

Así ya es y así siempre bien será en todo ser.

Decreto 5 para una vida amorosa y constructiva

**Yo soy la respiración que depura mi interior,
soy el amor que eleva mi corazón.**

**Soy el ser que resurge del ayer con más vigor,
con más amor y dignidad.**

Así será, así sea.

Decreto 6 para una vida amorosa y constructiva

**Yo soy la alegría que me inyecta confianza,
soy la pasión que me ayuda a alcanzar**

todo proyecto, soy la esperanza
en mi futuro.

Así yo me sano siempre
y me vuelvo a sanar.

Decreto 7 para una vida amorosa y constructiva

Yo soy amor y oportunidades
que se multiplican,
soy la esperanza de mi perfección,
soy esperanza que sabe sanar.

Así me perdono por cada imperfección
y así siempre sabré perdonar todo error
ajeno
porque yo soy la calma sustentada
en bondad, en amor y oportunidad.

Así ya es, así siempre en todo ser bien será.

Decreto 8 para una vida amorosa y constructiva

Yo soy la divinidad que se gesta
en toda mi realidad.

Que sea esta reparadora e impulsora.

Que sea la que conforme mis sueños y me
sane.

Yo soy la alegría que confía
en todo plan de Dios

porque estos son perfectos y elevan mi alma
cultivando en mí también
la perfección emocional.

Así soy yo, así es ya todo ser en toda realidad.
Así será.

Relacionados con el capítulo 8

Decreto 1 para sanar y perdonar tu pasado

Yo soy la fuente creadora que actúa
en nobleza y divinidad.

No me permito sucumbir ante ningún
recuerdo o hecho presente
que suponga imperfección.

Yo soy el poderío que no conoce freno,
que se centra en el amor
y el respeto universal.

Yo ya vuelvo a la luz con completa dignidad,
me entrego al amor universal
reconociendo en él la grandeza
que me sustenta a cada instante.

Es el Universo mismo quien equilibra
toda cuenta y es siempre el Universo
quien me provee de toda grandeza
en todo contexto.

Así ya es y así siempre bien será,
que yo vuelvo a la dulce realidad. Así será.

Decreto 2 para superar el daño recibido de terceras personas

Yo soy el origen sagrado en el cual me amparo
de todo odio, dolor, traición o injusticia.

Yo soy la suerte que siempre me acompaña
atrayendo abundancia en todo instante,
en todo hecho.

Yo soy el ser que recibe amor universal
y se ampara bajo la sabiduría oculta
en las leyes universales.

Así, solicito que todas estas
entren ya en vigor ante todo hecho
y hacia todo ser implicado.

Así ya es, así siempre bien será.

Decreto 3 para sanación espiritual y emocional

Yo me sano ya de toda lágrima, de todo odio,
de toda ofensa, restándoles todo poder.

Yo me limito a vivir en dignidad, bondad,
amor, honestidad,
sabiendo ya que así el Universo
me eleva y protege para sobrepasar
cualquier acto indigno decadente u ofensivo.

Así ya es que yo me libro de todo mal.
Así será.

Decreto 4 para la unificación universal y alcanzar la sanación ante el dolor

Yo soy la palabra que el Universo
escucha en perfección,
soy el corazón unificado al amor universal.

Yo soy la capacidad que asume todo hecho
sin más dolor ni agresión.

Yo supero todo mal sin resentimientos,
sin heridas, sin maldad.

Así yo soy la luz universal que me ampara,
eliminando de mi dulce ser toda
imperfección.

Así ya es, así será.

Decreto 5 para sanar relaciones

Que toda ofensa sea siempre perdonada,
que todo dolor sea siempre sanado,
que toda ira sea siempre olvidada
y que no existan más odios ni rencores.

Que se esfume todo chantaje, envidia,
agresión y maldad
porque desde hoy yo regreso
a la perfección a toda la humanidad.

Que así ya sanen sociedades,
que así ya sanen familias y relaciones,
que así ya sane todo ámbito
que lascivo antes fue

y yo lo envuelvo siempre en puro
amor universal.

Programo de este modo para cada ser,
total perfección,
que siempre pueda bien sanarles.

Así ya es, así sano yo y conmigo sana ya
toda la Humanidad.
Así será.

Decreto 6 para alcanzar y otorgar el perdón

Yo me centro en el perdón aferrándome a él
con total humildad y dignidad.

Yo me miro en amor, me olvido
de toda imperfección,
decretando así que estas sean
todas perdonadas,
que sean transformadas en pura luz,
que sean liberadas y no presenten más
repercusiones en imperfección.

Que todo ser y todo hogar se colmen
de amor, de mágica comprensión,
para que sanen,
sanando así sociedades y naciones,
sanando energía y dimensiones.

Que así sea, que todo aquello que exista
en el Universo
sea sanado y transmutado en amor
y luz universal.

Así ya es, así siempre bien será.

Decreto 7 para terminar con el resentimiento

Yo no escucho más las ofensas
ni escucho más el dolor.

Yo no me centro más en mi ignorancia
emocional,
la cual hoy yo repelo, perdono y libero.

Que sea definitivamente desincrustada
de mi corazón,
de mis pensamientos,
de mi realidad entera,
porque soy hoy quien decide
volver a la luz.

Así ya es, así siempre bien será en todo ser,
en todo hogar, en cada nación,
ante toda situación.

Así será, así sea.

Decreto 8 para reconectar con el amor y alcanzar el perdón

En mi ser mora Dios,
así yo soy solo perfección.

En mi ser mora el sincero amor,
así yo soy siempre puro perdón.

En mi ser se expresa mi yo superior
y por él yo desconozco todo ego
que antes me rigió.

Así yo y mi divino ser volvemos
definitivamente a la luz,
porque esta es la que siempre rige
todo mi ser.

Así ya es que yo soy el que yo soy,
actuando siempre en perfecta protección.

Así será en todo ser, así ya es.

Relacionados con el capítulo 11

Decreto emitido por Dios para la liberación

Yo soy la liberación universal
actuando en inmediatez.

Yo soy la luz del sol que sabe fluir
en plena liberación.

Yo me libero de todo ayer rezagado,
me libero de todo rezago, zozobra
y desaliento.

Yo me libero, porque soy la bendita
transmutación estelar, cósmica y universal.

Yo purifico todo mi ser
dotándolo de una inmediata y perfecta
salud mental, física, emocional,
espiritual y material.

Bendita sanación crística, dhármica, mental,
universal, económica y sentimental,
ven ya a mí bajo la frecuencia 12121916,

donde yo entrego todo problema, zozobra,
angustia, desilusión, desamparo,
todo error, miseria, soberbia y mal,
para que desde esta sea así,
bien transformada,
siendo esta aquella de Dios.

Así es. Así sea siempre,
el reino de los bienaventurados. Namaste.

Decreto emitido por Dios para iniciar cambios drásticos energéticos y destruir situaciones bloqueadas

Yo soy el que soy, en unidad divina universal.

Yo soy quien da y recibe energía creadora
que todo transmuta desde el astral.

Yo soy la frecuencia divina actuando
en inmediatez.

Yo soy el milagro concedido,
porque soy la bondad divina
que actúa transmutando y desarraigando
todo bloqueo.

Yo soy la presencia de Dios en mí
que actúa en justicia equilibrando
todo trastorno.

Yo soy la acción emprendida
en la frecuencia 12121916,
quien reconoce la acción divina tras de sí,

empezando grandes y drásticos cambios
inmediatos en toda mi realidad
porque yo soy la elevación de quien
debí ser.

Así es, así es, así sea ya
desde mi puro interior que yo soy.

Decreto emitido por Dios para la piedad

Bendita piedad, me reconozco en ti,
me amparo en tu gracia divina universal.

Yo soy así, todo mi ser en humildad
solicitando la piedad sincera y bondadosa
de cada ser que antes laceré,
comprendiendo cualquier línea de tiempo
bajo cualquier manto presente,
pasado o futuro.

Yo me libero de todo dolor, rencor
y falta de bondad,
me libero de cualquier error solicitando
así ante ti en humildad
el divino perdón de todo ser
que fue herido por mí.

Yo te solicito a ti bendita piedad,
la sanación) de mis errores
pasados, presentes y futuros.

Yo brindo amor universal emitido
con bondad
hacia quien antes lesioné,

solicitando así gracias infinitas para
dicho ser,
solicitando amor, abundancia, paz,
bienestar, dulzura, ternura
y armonía universal.

Yo solicito las mejores gracias
para cada ser que por mí
en una línea de tiempo pasada,
fue dañado por mi torpe ignorancia.

Yo solicito la perfecta piedad
y el divino perdón
de aquellos que por obra
de mis pensamientos,
sentimientos o acciones
fueron perjudicados.

Libertad, piedad y amor, vengan ya a mí,
transmutando todo dolor, karma y llanto.

Transmuten el mal desarraigándolo
y desprogramándolo
ya de mi dulce ser, a quien a ti entrego
desde la frecuencia12121916.

Así es, así sea.

Decreto emitido por Dios para la sanación

Yo soy la paz que me colma desde ahora,
que genera perdón, abundancia y sanación
en todo mi ser, repercutiendo
en la gracia universal.

Yo soy la paz de la brisa marina
que me infunde confianza
sanando mis heridas de antaño.

Yo soy la esperanza que resurge en mi ser
cuando comprendo que soy parte
de la vibración universal.

Así yo me libero del dolor, del odio
y la desesperanza
que han estado ocultas y arraigadas
lacerando todo mi ser.

Yo soy la liberación energética
que transmuta todo mal, dotándolo
de puro bienestar
que sustituye el espacio antes ocupado
por el dolor y el malestar.

Yo me libero, yo me transformo,
yo me sano y yo me perdono
porque soy la sanación decretada
y expresada por Dios,

quien habita en mí, me abraza
y me reconforta,
quien sana en perfección
todas mis heridas.

Yo soy la mano bendita de su manto
de infinito amor,
que me cubre y me ampara
liberándome aquí del dolor.

Bendita transmutación bajo la frecuencia
12121916,

ven a mí a cumplir tu elevada misión
en pura divinidad.

Así sea.

Decreto corto emitido por Dios para erradicar energía negativa

Yo soy la llama dorada que purifica todo mal,
soy el perdón expresado que sanea
todo dolor.

Yo libero así toda energía negativa
y destructiva
envolviéndola en puro amor universal
que les sana y transmuta en paz
y armonía universal
reconfortándolos con un sincero perdón,
envolviéndolos en amor universal.

Yo los amo, los bendigo, los libero
y los alejo de mi realidad.

Yo les brindo perdón, amor
y una perfecta evolución
donde la luz los espera y los bendice,
donde la luz los sana y los libera.

Ven ya, amado ser, que la luz divina de Dios
que oculta en ti está, te espera para brindarte
todo su amor.

Así es, así sea, amén.

Despedida

No espero que de hoy a mañana seas perfecto, pero sí merezco que trabajes cada día para depurarte, que tomes conciencia de tus errores e imperfecciones y que dejes de cometerlos. Únicamente así abrirás las arcas de la abundancia en toda su plenitud en tu hogar.

La humanidad necesita refrescantes lecciones evolutivas; desde el astral yo seguiré trabajando para implementar un plan de trabajo evolutivo que resulte aún más asertivo que el presente.

Ha llegado el momento de despedirme recalcando mi creciente compromiso contigo y los demás seres humanos.

Te abrazo y te bendigo agradeciéndote siempre tu amor, confianza, reclamos y cuestionamientos. Y te invito de nuevo a volver a la luz.

Recuerda, el sendero evolutivo no se suscita por la fuerza, ni bajo condicionantes; debe ser natural. De nada sirve leer todos los textos metafísicos, asistir a cursos, conferencias y meditaciones o hacer ayunos, si no te comprometes verdaderamente a depurarte, si no aceptas la responsabilidad de tus actos, si no dejas de cometer las mismas faltas que has cometido durante largo tiempo en tu existencia presente, y si no asimilas los conocimientos adquiridos.

Hoy llega el tiempo de asimilar la información de la reflexión y de tu depuración. Te deseo mucha suerte, mucha luz y mucho amor para confrontarte a ti mismo, aceptando tus errores y sus consecuencias, aceptando tus defectos con ahínco y dignidad para que en el futuro logres sanarlos y liberarte de todos ellos.

Una vez más, y a pesar de los agravios, otorgo mi confianza a toda la humanidad y reitero mi compromiso con la evolución en perfección tanto de los seres humanos como de cualquier otra forma de vida comprendida en el Universo.

Reitero, vuelve a la luz, en la cual, bendecido y amado, te dejo en compañía de mis hermanos ascendidos que son los mismos tuyos, Hilarión y Rami, y con sincero amor.

Tuyo siempre,

Tu fiel hermano Saint Germain

Esta obra se terminó de imprimir
en noviembre de 2015, en los Talleres de

IREMA, S.A. de C.V.
Oculistas No. 43, Col. Sifón
09400, Iztapalapa, D.F.